PIANO E TECLADO fácil

MÉTODO PRÁTICO PARA PRINCIPIANTES

Antonio Adolfo

COORDENAÇÃO

Celso Woltzenlogel

Nº Cat.: 432-M

Irmãos Vitale S.A. Indústria e Comércio
www.vitale.com.br
Rua França Pinto, 42 Vila Mariana São Paulo SP
CEP: 04016-000 Tel.: 11 5081-9499 Fax: 11 5574-7388

© Copyright 2015 by Irmãos Vitale S.A. Ind. e Com. - São Paulo - Brasil
Todos os direitos autorais reservados para todos os países. *All rights reserved.*

CRÉDITOS

Revisão Geral e Produção Musical
Celso Woltzenlogel

Revisão Ortográfica
Marcos Roque

Editoração Eletrônica e Formatação Musical
Zezo Olimpio

Diagramação
Eduardo Wahrhaftig

Fotos
Gijs Andriessen

Tecladista
Julia Fernandes

Coordenação Editorial
Roberto Votta

Produção Executiva
Fernando Vitale

CRÉDITOS DO CD

Gravado por Rodrigo de Castro Lopes no Estúdio Laranjeiras Records, em março de 2015.
Teclado: Antonio Adolfo
Mixagem e Masterização: Rodrigo de Castro Lopes

Todas as músicas de autoria de Antonio Adolfo © Copyright direto com o autor.

CIP-BRASIL. CATALOGAÇÃO NA FONTE
SINDICATO NACIONAL DOS EDITORES DE LIVROS - RJ.

S122p

    Sabóia, Antonio Adolfo Maurity, 1947-
      Piano e teclado fácil : método prático para principiantes / Antonio Adolfo Maurity Sabóia ; coordenação Celso Porta Woltzenlogel. - 1. ed. - Rio de Janeiro : Irmãos Vitale, 2015.
    68 p. : il. ; 29 cm.

    Inclui índice
    Acompanhado de CD
    Introdução, nota biográfica
    ISBN 978-85-7407-441-2

    1. Instrumentos de teclado - Instrução e estudo. I. Woltzenlogel, Celso Porta. II. Título.

15-26895
    CDD: 786
    CDU: 780.616.43

29/09/2015   01/10/2015

ÍNDICE

Sobre o autor	7
Introdução	8

Noções gerais sobre teclados

A utilização dos teclados eletrônicos	10
Comentários sobre o funcionamento básico dos teclados	11
Parâmetros fundamentais dos teclados eletrônicos: principais características funcionais	12

Dicas de como tocar piano e teclado

Posição	13
Numeração dos dedos	13

Primeira parte

Pauta (ou pentagrama)	14
Claves	14
Grave e agudo	15
Valores de um e de dois tempos (semínima e mínima)	15
Músicas para a mão direita e músicas para a mão esquerda	17
Observações importantes	17
Música para a mão direita	17
"Berimbau"	17
Música para a mão esquerda	17
"Doce Dó-Si"	17
Mão direita	18
"Dó-Ré-Mi"	18
Mão esquerda	18
"Dó-Si-Lá"	18
"Balança navio"	18
"Vou de avião"	18
Música para ambas as mãos	19
"Ilha comprida"	19
Compassos e barras de compassos	19
"Blue Bird"	20
Músicas com a utilização do dedo 4 (anelar)	20
"O anel"	20

Ponto de aumento	21
"Westminster Chimes"	21
"De dois em dois"	22
"Reggae"	22
"Valsa"	23
Semibreve	23
Pausas (descansos)	24
"Sinfonia nº 5"	24
Nota Fá na quarta linha da clave de Fá	25
"O nordestino"	25
"Marré de ci"	26

Segunda parte

Ritornello	27
Nota Sol na segunda linha da clave de Sol	27
"Canto do povo de um lugar"	28
Pentacórdio maior	28
Exemplos de como devemos articular os dedos no pentacórdio maior	29
Ginástica para os dedos	29
D.C.	30
"Pentacórdio blues"	30
Arcos para acompanhamento de mão esquerda	30
"Ode à alegria"	32
"Mary Had a Little Lamb"	33
Casa de primeira vez e casa de segunda vez	34
"Jingle Bells"	34
"O jangadeiro"	35
Compasso acéfalo	36
Notas entre parênteses	36
Ritornello voltando a outro ponto da música que não o início	36
"When The Saints Go Marching In"	36
Fermata	37
Aumento da extensão do registro agudo até a nota Lá	38
"Assum preto"	38
"Asa branca"	39

Terceira parte

Colcheia	40
"Desafio"	41

"Dança polonesa"	42
Aumento da extensão do registro grave até a nota Dó	42
"Ensaiando um boogie"	43
Pausa de três tempos	44
"Ensaiando uma guarânia"	44
"Rock do ferreiro"	45
Aumento da extensão do registro agudo até as notas Si e Dó	46
"O fazendeiro feliz"	46
"Halloween"	48
"Lightly Row"	49
"Reza"	50
"Marcha soldado"	51
"Passa, passa, gavião"	52
As diferentes oitavas	52
"Blues nº 2"	53

Quarta parte

Sustenido e bemol	54
"Hot Blues"	55
Frases e ligaduras de expressão	56
"Balada arpejada"	56
"A banda de metais"	57
"Farol da ilha"	58
Staccato	59
"Relembrando J.S. Bach"	59
"Toada"	60
"Prelúdio"	61
Linhas suplementares	61
Legato	62
"Prelúdio em 3/4"	62
"Castanhola"	63
"Nostálgica"	64
Duas linhas suplementares	64
Arco de B♭ (Si bemol)	64
"Lucy In The Sky With Diamonds"	65
Escala maior	66
"Treinamento com a escala de Dó Maior"	66

ÍNDICE DO CD

Faixa 01/02 - Berimbau
Faixa 03/04 - Doce Dó-Si
Faixa 05/06 - Dó-Ré-Mi
Faixa 07/08 - Dó-Si-Lá
Faixa 09/10 - Balança navio
Faixa 11/12 - Vou de avião
Faixa 13/14 - Ilha comprida
Faixa 15/16 - Blue Bird
Faixa 17/18 - O anel
Faixa 19/20 - Westminster Chimes
Faixa 21/22 - De dois em dois
Faixa 23/24 - Reggae
Faixa 25/26 - Valsa
Faixa 27/28 - Sinfonia nº 5
Faixa 29/30 - O nordestino
Faixa 31/32 - Marré de ci
Faixa 33 - Canto do povo de um lugar
Faixa 34 - Pentacórdio blues
Faixa 35 - Ode à alegria
Faixa 36 - Mary Had a Little Lamb
Faixa 37 - Jingle Bells
Faixa 38 - O jangadeiro
Faixa 39 - When The Saints Go Marching In
Faixa 40 - Assum preto
Faixa 41 - Asa branca
Faixa 42 - Desafio
Faixa 43 - Dança polonesa
Faixa 44 - Ensaiando um boogie
Faixa 45 - Ensaiando uma guarânia
Faixa 46 - Rock do ferreiro
Faixa 47 - O fazendeiro feliz
Faixa 48 - Halloween
Faixa 49 - Lightly Row
Faixa 50 - Reza
Faixa 51 - Marcha soldado
Faixa 52 - Passa, passa, gavião
Faixa 53 - Blues nº 2
Faixa 54 - Hot Blues
Faixa 55 - Balada arpejada
Faixa 56 - A banda de metais
Faixa 57 - Farol da ilha
Faixa 58 - Relembrando J.S. Bach
Faixa 59 - Toada
Faixa 60 - Prelúdio
Faixa 61 - Prelúdio em 3/4
Faixa 62 - Castanhola
Faixa 63 - Nostálgica
Faixa 64 - Lucy In The Sky With Diamonds
Faixa 65 - Treinamento com a escala de Dó Maior

SOBRE O AUTOR

Proveniente de uma família musical (a mãe foi violonista da Orquestra do Theatro Municipal do Rio de Janeiro), o carioca Antonio Adolfo iniciou, aos sete anos de idade, os estudos em música. Aos dezessete, já era profissional. Seus professores foram, no Brasil, Eumir Deodato, Guerra-Peixe, Esther Scliar, Werther Politano, Vilma Graça, Heitor Alimonda e Amyrton Vallim; e, em Paris, Nadia Boulanger.

Nos anos 1960, Adolfo liderou seu próprio trio, o 3D, gravou dois álbuns pela RCA e participou de turnês com Elis Regina e Milton Nascimento. Em parceria com o letrista Tibério Gaspar, escreveu músicas de grande sucesso, como "Sá Marina", "Juliana", "Teletema", "BR3", entre outras. Todas foram gravadas dezenas de vezes por artistas como Wilson Simonal, Sergio Mendes, Ivete Sangalo, Stevie Wonder, Herb Alpert, Earl Klugh, Dionne Warwick, Yutaka, entre outros. Apresentou, em 1969, seu grupo Brazuca e gravou dois álbuns pela EMI.

Antonio Adolfo foi vencedor do Festival Internacional da Canção de 1970 e recebeu, por duas vezes, o Prêmio da Música Brasileira (1996 e 1998). Foi, ainda, finalista em outros festivais no Brasil e no exterior, criou temas para novelas, fez inúmeros arranjos, gravou com diversos artistas da MPB e fundou sua própria escola de música no Brasil, o Centro Musical Antonio Adolfo. Além de uma videoaula, lançou sete livros didáticos no Brasil e dois no exterior. Em 2013, lançou no Rio de Janeiro o livro *Workshop de música brasileira*, o qual já havia sido publicado em diferentes idiomas. Em 2014, teve dois discos indicados para o prêmio Grammy Latino e, em 2015, seu mais novo CD, *Tema*, também foi indicado para o mesmo prêmio.

Considerado pela imprensa brasileira como o pioneiro da produção independente no país, com o LP *Feito em casa*, Antonio Adolfo já gravou mais de 25 discos, alguns lançados também no exterior, que podem ser encontrados em algumas lojas e também pela internet.

Sua extensa e selecionada discografia inclui os LPs: *Tema 3-D* (1964); *O Trio 3-D convida* (1965); *Conjunto 3-D – muito na onda* (1967); *Antonio Adolfo e a Brazuca* (1969); *Antonio Adolfo e a Brazuca* (1970); *Antonio Adolfo* (1972); *Feito em casa* (1977); *Encontro musical* (1978); *Viralata* (1979); *Continuidade* (1980); *Os pianeiros – Antonio Adolfo abraça Ernesto Nazareth* (1981); *João Pernambuco 100 anos* (1982); *Viva Chiquinha Gonzaga* (1983); *Conexões* (1987). E os CDs: *Cristalino* (1989); *Jinga* (1990); *Antonio Adolfo abraça Ernesto Nazareth e Chiquinha Gonzaga* (1991); *João Pernambuco 100 anos* (1992); *Antonio Adolfo* (1995); *Chiquinha com Jazz* (1997); *Puro improviso* (1999); *Puro improviso – ao vivo* (2000); *Viralata* (2001); *O Trio 3-D convida* (2001); *Tema 3-D* (2001); *Feito em casa* (2002); *Antonio Adolfo e a Brazuca* (2003); *Os pianeiros – Antonio Adolfo abraça Ernesto Nazareth* (2003); *Carnaval Piano Blues* (2006); *Antonio Adolfo e Carol Saboya – Ao vivo/Live* (2007); *Lá e cá/Here and There* (2010); *Chora Baião* (2011); *Finas misturas* (2013); *Rio, Choro, Jazz...* (2014); *O piano de Antonio Adolfo* (2014); *Copa Village* (em parceria com Carol Saboya e o harmonicista Hendrik Meurkens) (2015); e *Tema* (2015).

Mais informações podem ser obtidas nos sites: <antonioadolfomusic.com> e <antonioadolfo.mus.br>.

INTRODUÇÃO

Piano e teclado fácil propõe, de forma moderna, o início do aprendizado musical ao piano e/ou teclado. A principal característica consiste num detalhamento dos diferentes assuntos e no CD, que permite ao aluno ouvir as músicas e os demais exemplos, com acompanhamentos, por vezes, mais sofisticados, o que mostra ao leitor/aluno que uma melodia simples pode se transformar em algo bem mais interessante. Muito pouco do tradicional Dó-Ré-Mi-Fá-Sol-Lá-Si ou dos exercícios maçantes de outrora. Isso, porém, sem deixar de fornecer o básico para o crescimento musical tanto ao piano quanto ao teclado.

Embora os assuntos deste livro comecem pelo Dó central e pelos valores rítmicos costumeiros, procura-se descondicionar o aluno da relação Dó/dedo 1, Ré/dedo 2 etc.

O repertório, em grande parte criado por mim, traz arranjos não somente para minhas canções, mas também para músicas folclóricas, clássicas e populares nacionais (MPB) de ícones, como Luiz Gonzaga, Caetano Veloso, Edu Lobo, entre outros, além do pop internacional (Lennon e McCartney).

O propósito aqui é conduzir o aluno a um aprendizado consistente, com possibilidade de conhecimento voltada, sem distinção, tanto para a música erudita quanto para a popular. Portanto, os elementos teóricos básicos encontrados no nosso amadurecimento musical são apresentados desde cedo e devem ser seguidos. Todo esse conjunto é disponibilizado do jeito mais agradável possível, com incentivo amplo à criatividade e aos arranjos musicais.

A introdução de assuntos, como o acompanhamento pela mão esquerda com os arcos formados pela fundamental e pela quinta de um acorde, configura-se como um elemento estimulante ao iniciante, pois, desde cedo, ele passa a perceber a importância e a contribuição da harmonia como componente embelezador da música. Tudo isso, complementado pelo CD, fará com que o aluno desenvolva um sentido altamente enriquecedor no aprendizado.

Importante ressaltar que, embora o piano seja conhecido como "o rei dos instrumentos", esta obra também se dedica ao ensino do teclado eletrônico (*home keyboard*) que, provavelmente, seja bem mais usado hoje em dia devido à portabilidade. Pianos possuem, em geral, 88 notas; ou seja, sete oitavas. Grande parte dos teclados, porém, possui quatro ou cinco oitavas.
Com referência aos timbres sugeridos para a execução das diferentes músicas ao teclado, eles não precisam ser, necessariamente, utilizados. O aluno pode escolher seus timbres próprios e/ou preferidos. Por exemplo: o aluno pode tocar com timbre de flauta uma música em que a sugestão seja *strings*. E se desejar, ele pode tocar todas as músicas com timbre de piano.

Da mesma forma, o aluno não precisa usar os estilos sugeridos. Ele pode escolher um estilo diferente, que seja do seu gosto, assim como pode também não utilizar acompanhamento de bateria eletrônica. E mais: o aluno que tiver facilidade em utilizar parâmetros (ou funções) do teclado, mesmo que não estejam sugeridos nesta obra, pode usá-los a seu critério. No entanto, a recomendação é que faça sob a supervisão de um mestre ou de um músico mais experiente.

Os assuntos didáticos teóricos se intercalam com as músicas e vão, desde o início, com valores de um e dois tempos, até colcheias, passando pelas respectivas pausas, compassos binários, ternários e quaternários. No que se refere à altura das notas, o trabalho é feito em duas, três e até quatro oitavas. Os demais assuntos vão sendo apresentados conforme a necessidade.

Por fim, ressalto que para o aprendizado de música, o interessado deve se dedicar intensa e diariamente aos estudos, sempre com orientação correta.

Estou certo de que esta obra será de grande valia a todos os que a ela se dedicarem.

Antonio Adolfo

Noções gerais sobre teclados
A UTILIZAÇÃO DOS TECLADOS ELETRÔNICOS

A evolução da tecnologia no que diz respeito aos teclados eletrônicos é incrivelmente vasta e, provavelmente, os primeiros teclados absorvidos pela música popular tenham sido os órgãos eletrônicos.

Há teclados eletrônicos para todos os gostos e com diferentes recursos que funcionam como piano elétrico (ou eletrônico), órgão etc. Teclados que servem a pianistas não somente no que diz respeito à possibilidade de amplificação, mas também à variedade de timbres como, por exemplo, piano acústico, piano elétrico, *harpsichord* (cravo), órgão e até mesmo *strings* (naipe de cordas).

Com o advento dos sintetizadores, a partir do Minimoog, nos anos 1960-70, uma infinidade de sons eletrônicos foi criada e incorporada pela música em geral. Inicialmente, os sons eram elaborados pelo instrumentista. Devido à complexidade, os fabricantes optaram por apresentar teclados com sons *presets* (prontos), o que popularizou sobremaneira o uso dos teclados eletrônicos, incluindo os *home keyboards* (teclados caseiros), com possibilidades que juntavam *sequencers* (sequenciadores), bateria eletrônica e uma infinidade de timbres. Timbres que incluíam *samples* (cópias) de instrumentos e grupos de instrumentos, e cópias de sons elaborados nos sintetizadores.

Há ainda, além dos itens citados, inúmeras possibilidades não trabalhadas neste livro, e que se referem à criação de arranjos por meio de recursos, como *intro* (introdução), *fills* (preenchimentos rítmicos), *endings* (finalizações), *arpeggios* etc. Essa variedade de elementos serve para que o praticante (instrumentista) exercite a criatividade musical.

A qualidade e os graus de sofisticação desses *keyboards* (teclados), sejam caseiros ou profissionais, podem variar muito, dependendo dos elementos apresentados, da qualidade dos sons e dos demais recursos. Portanto, a sugestão é pela utilização de diferentes tipos de teclados, sejam com quatro, cinco ou sete oitavas, com teclas leves, como os antigos órgãos eletrônicos, ou os que possuem teclas com peso de piano. E essa dica vale, num sentido mais amplo, tanto para quem deseja ser pianista, organista ou tecladista. Vale ainda para quem quer desenvolver aptidões na criação de arranjos e nas orquestrações.

Enfim, nossa intenção é descrever todas as possibilidades e criar um método fácil que atenda a todos que desejam aprender a tocar piano ou teclado eletrônico.

A seguir, apresentamos os principais parâmetros dos instrumentos mencionados.

COMENTÁRIOS SOBRE O FUNCIONAMENTO BÁSICO DOS TECLADOS

Alguns aspectos, antes da descrição sobre o funcionamento básico dos teclados eletrônicos, devem ser considerados:

O mercado possui inúmeros teclados, de diversos fabricantes, tendo como destaques os das marcas Casio e Yamaha. Há inúmeras diferenças entre eles, tais como: capacidade de memória, timbres e ritmos pré-gravados, tamanho das teclas, possibilidade de gravação e/ou sequenciamento, interface, acessórios etc. Nossa proposta, nesta obra, não é a de indicar o modelo ideal, pois, além da renovação constante dos modelos, há o fator poder aquisitivo de cada pessoa. É possível, porém, determinarmos o que se configura no "mínimo ideal", em termos de potencialidade dos modelos existentes, para que o aluno tenha condições de acompanhar o curso proposto neste método.

Importante ressaltar ainda que o aprofundamento sobre as funções inerentes aos teclados não faz parte deste método. Essas especificações se encontram nos manuais de cada modelo e há ainda cursos dirigidos a esse tipo de necessidade. O enfoque geral de funcionamento básico dos *home keyboards* recai exclusivamente no que diz respeito à sua utilização como fator enriquecedor na interpretação musical do aluno. Contudo, a base proporcionada pelo piano é grandemente superior se comparada a do teclado eletrônico. Portanto, seu estudo deve ser incentivado.

PARÂMETROS FUNDAMENTAIS DOS TECLADOS ELETRÔNICOS: PRINCIPAIS CARACTERÍSTICAS FUNCIONAIS

Partindo-se do princípio de que o poder aquisitivo e as facilidades de acesso à tecnologia importada variam de pessoa para pessoa, seguem adiante 14 sugestões importantes do que se pode chamar de ideal para o acompanhamento deste curso:

1. Extensão do teclado: que seja de, no mínimo, quatro oitavas (48 teclas).
2. Tamanho das teclas: correspondente ao tamanho das teclas do piano ou do órgão. Teclas pequenas são aconselháveis somente a crianças de até oito anos de idade.
3. O instrumento deve ser polifônico: por exemplo, a capacidade de termos até oito notas tocadas e ouvidas simultaneamente.
4. Timbres (*voices*): o teclado eletrônico precisa apresentar timbres de, no mínimo, oito instrumentos diferentes como, por exemplo, *piano, electric piano, harpsichord, organ, guitar, flute, strings, clavinet* etc.
5. Ritmos ou estilos (*styles*): o instrumento deve conter, no mínimo, oito diferentes estilos como, por exemplo, *rock, disco, swing, slow rock, march, samba, bossa nova, blues* etc.
6. Fonte elétrica (*AC power source*): teclados que não possuem fonte elétrica necessitam de pilhas (baterias). Por outro lado, baterias proporcionam curta duração. Assim, teclados que não dispõem de fonte elétrica não são indicados.
7. Saída (*output*) para fones de ouvido: muito conveniente, pois, os fones de ouvido permitem que o instrumento seja tocado a qualquer hora, sem a preocupação de incômodo à vizinhança.
8. Indicador das batidas de tempo: dispositivo que acende uma pequena luz no primeiro tempo de cada compasso quando o ritmo é acionado, o que propicia ao aluno aprimoramento rítmico.
9. Afinador (*tuner*): dispositivo que permite ajuste microtonal do teclado e possibilita afinação perfeita com outro instrumento tocado simultaneamente.
10. Tecla *Intro/Fill*: possibilita que seja ouvido um compasso inteiro de contagem de tempo antes do ritmo acionado. Possibilita ainda a variação rítmica conhecida como "virada", muito usada em compassos de preparação numa música (passagem de uma parte para outra).
11. Tecla *Start/Stop*: possibilita acionar (*start*) o ritmo, bem como interrompê-lo (*stop*) a qualquer momento.
12. Tecla *Synchro/Ending*: possibilita não somente o acionamento do ritmo sincronizado com a primeira nota tocada (*synchro start*), mas também a finalização do acompanhamento rítmico no final da música, exatamente no final do último compasso (*ending*).
13. Controles de velocidade do andamento (*tempo control*): permitem regular o andamento (velocidade) do ritmo. Trabalham em combinação com o metrônomo.
14. *Metronome* (metrônomo): medidor que especifica o andamento.

DICAS DE COMO TOCAR PIANO E TECLADO

Posição

Seja ao piano ou ao teclado eletrônico, a posição deve ser confortável, porém, com o corpo ereto, o antebraço em posição horizontal, numa espécie de ponte entre o corpo e o instrumento (figura 1). A posição das mãos deve ser natural, sem contração dos dedos, conforme se pode depreender da figura 2.

Figura 1 - Posição correta ao piano ou teclado

Figura 2 - Posição correta das mãos

Numeração dos dedos

Importante que seja observada pelo aluno a correta numeração dos dedos de ambas as mãos.

Dedo 1: polegar.
Dedo 2: indicador.
Dedo 3: médio.
Dedo 4: anelar.
Dedo 5: mínimo.

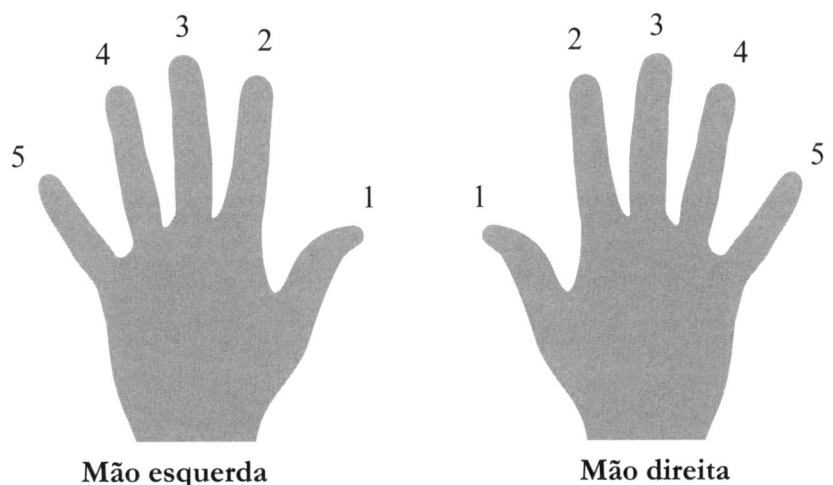

Mão esquerda **Mão direita**
Figura 3 - Numeração dos dedos das mãos esquerda e direita

Primeira parte

Pauta (ou pentagrama)

É o conjunto de cinco linhas e quatro espaços. Para a escrita de música, as linhas e os espaços devem ser contados de baixo para cima. Na pauta são determinadas alturas (agudo e grave), durações e intensidade.

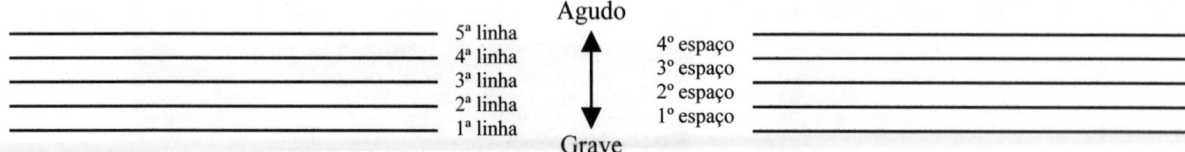

Figura 4 - Representação gráfica da pauta com suas linhas e espaços

Claves

As claves dão nome às notas musicais. Destaca-se que apenas uma pauta não seria suficiente para a escrita de todas as notas. Em vista disso, as claves existem para diferentes regiões (alturas). Elas são posicionadas, normalmente, no início da pauta e indicam os nomes das notas. Para os instrumentos de teclado, como o piano, por exemplo, são usadas duas claves: uma para a região mais aguda e outra para a região mais grave. Por isso, para os instrumentos de teclado, há a obrigação de leitura nas duas claves ao mesmo tempo e, por conseguinte, são usadas também duas pautas.

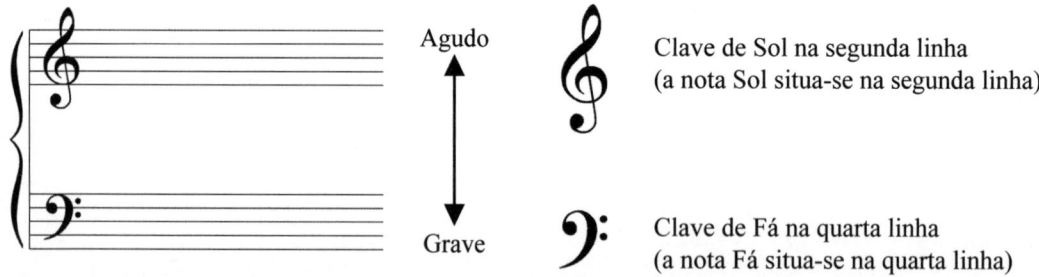

Figura 5 - Claves de Sol e de Fá na pauta e sua relação com o agudo e o grave

Grave e agudo

As notas mais agudas, no teclado, são as que se localizam à direita. Quanto mais à direita mais agudo. Quanto mais à esquerda mais grave.

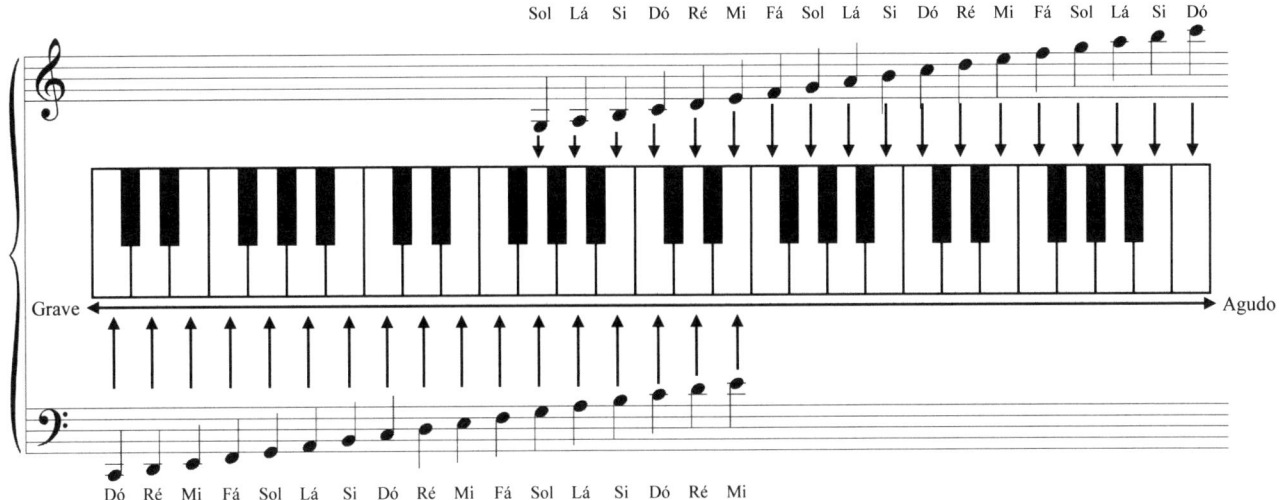

Figura 6 - Representação gráfica das notas no teclado e sua relação com a escrita musical

Valores de um e de dois tempos (semínima e mínima)

As durações das notas são representadas por figuras rítmicas. Por enquanto, a semínima será considerada como valor de um tempo e a mínima como valor de dois tempos.

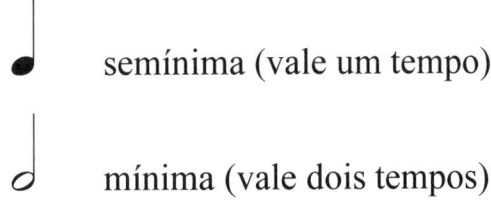

Figura 7 - Representação gráfica da semínima e da mínima com suas durações

Mais adiante, veremos que essas figuras podem ter durações diferentes. A mínima, porém, sempre valerá o dobro da semínima.

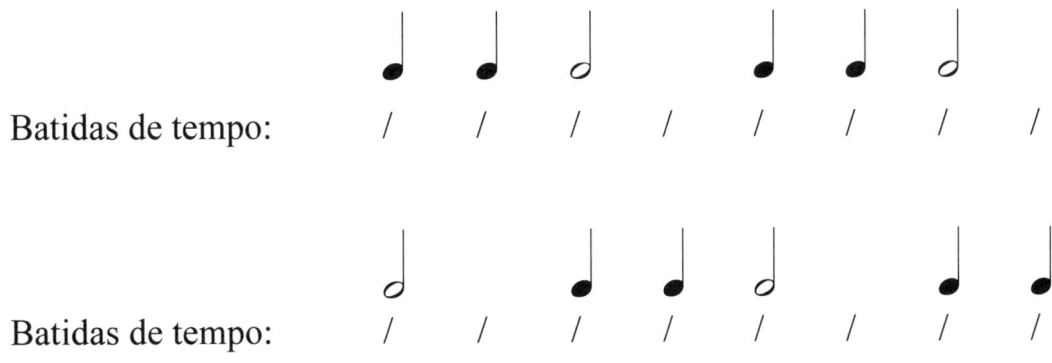

Figura 8 - Relação rítmica com as batidas de tempo

Importante destacar algumas considerações relevantes antes de iniciarmos a execução das músicas.

1. Antes de começar a tocar juntamente com o CD, devemos praticar intensamente cada música, até que estejamos preparados para tocar sem interrupções.
2. Do início do livro até a faixa 33, encontraremos sempre duas faixas gravadas para cada música. Isso significa que, depois de cada música praticada suficientemente, devemos tocar juntamente com o CD. A princípio, devemos ouvir o primeiro exemplo de cada música e, em seguida, tocar a faixa posterior juntamente com o acompanhamento gravado. Em resumo: devemos ouvir a gravação da faixa 1, por exemplo, e na sequência, tocar juntamente com o acompanhamento contido na faixa 2.
3. A partir da faixa 33 ("Canto do povo de um lugar"), utilizaremos apenas uma faixa para cada música.
4. A partir de então, podemos tocar juntamente com a gravação desde o início. Devemos considerar, no entanto, que na primeira vez teremos o apoio melódico da gravação e, na repetição, teremos somente o apoio do acompanhamento gravado.
5. As contagens efetuadas pelo metrônomo corresponderão ao número de batidas referentes ao compasso. No entanto, como observado nos primeiros exemplos, não há um compasso determinado. Assim, as contagens são padronizadas em quatro batidas. Quando a música se iniciar após o primeiro tempo do compasso, batidas de contagem serão adicionadas. Por exemplo: quando a música começar no segundo tempo de um compasso de quatro tempos (4/4), devemos aguardar cinco batidas para, então, considerar o início do que deve ser tocado.
6. Com o intuito de reduzir a quantidade de informações e tendo em vista a grande variedade de conceitos, a opção nesta obra foi por uma interpretação mais livre, sem a necessidade de seguirmos os poucos sinais de articulação. Futuramente, em volumes mais adiantados, esses sinais estarão mais presentes.
7. Uma das propostas deste livro consiste no pleno desenvolvimento da criatividade musical do aluno. Portanto, não há nenhum impedimento na criação de seus próprios acompanhamentos de bateria eletrônica, bem como na utilização dos timbres da sua conveniência.

AVISO MUITO IMPORTANTE

A cifragem (acordes cifrados) colocada acima da pauta corresponde aos acordes gravados para acompanhamento. Esses acordes <u>não</u> devem ser tocados pelo aluno, mas exclusivamente pelo professor ou por músico experiente, a não ser em casos raros, em que o aluno detém conhecimento mais aprofundado de harmonia, e somente em músicas cuja melodia permita essa intervenção por parte do aluno. Esses acordes estão antecedidos do seguinte gráfico: *acompanhamento CD* ⟶

A cifragem para o aluno é a que se encontra entre as duas pautas e em tamanho maior a partir da música "Ode à alegria", na página 32.

MÚSICAS PARA A MÃO DIREITA E MÚSICAS PARA A MÃO ESQUERDA

As músicas a seguir devem ser tocadas com batidas de tempo exatas.

Observações importantes

Inicialmente, o aluno deve tocar sozinho ou, de preferência, com o auxílio do professor. Ao adquirir segurança, poderá tocar com o acompanhamento da gravação.

As batidas de tempo devem ser marcadas pelo professor. Posteriormente, o aluno poderá utilizar o metrônomo, a bateria eletrônica ou o próprio pé como apoio rítmico.

Para maior fortalecimento do aprendizado e melhor desenvoltura na execução, o aluno pode tocar inúmeras vezes as músicas apresentadas.

A contagem inicial será de quatro tempos.

Música para a mão direita

Faixas 01/02

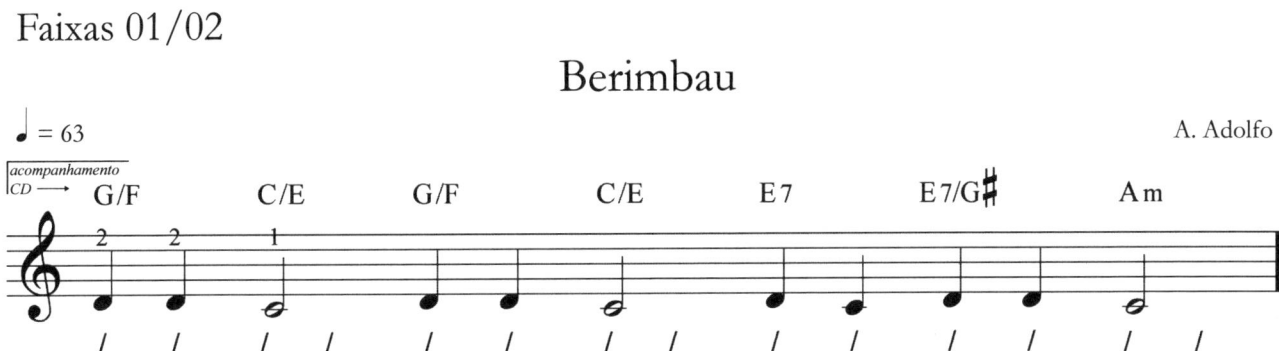

Música para a mão esquerda

Faixas 03/04

Mão direita

Faixas 05/06

Dó-Ré-Mi

Mão esquerda

Faixas 07/08

Dó-Si-Lá

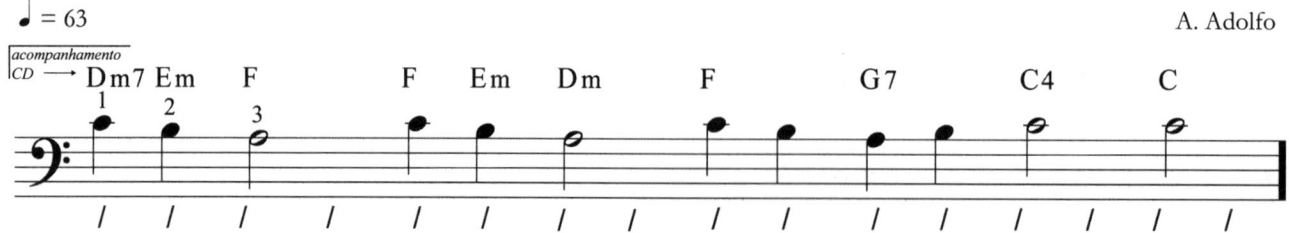

Faixas 09/10

Balança navio

Faixas 11/12

Vou de avião

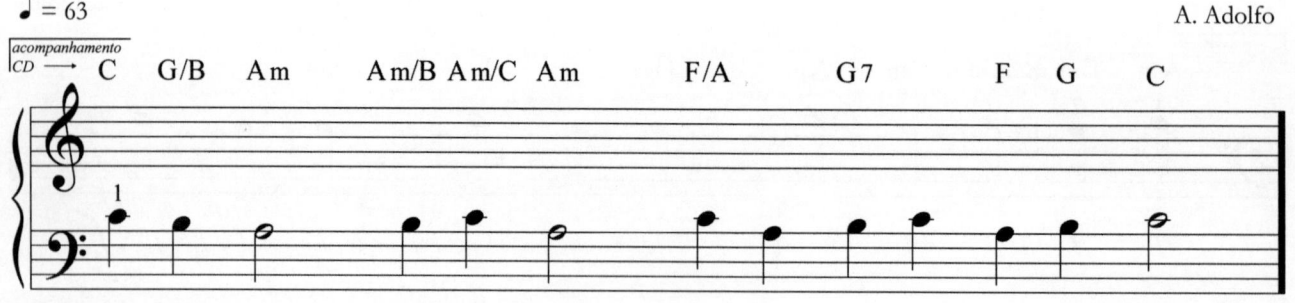

Música para ambas as mãos

Faixas 13/14

Compassos e barras de compassos

O ritmo musical deve ser dividido por meio de linhas verticais, as quais são conhecidas como barras de compasso. Elas podem dividir o ritmo em dois, três ou quatro tempos. Mais adiante, veremos que os tempos podem ser divididos com contagens diferentes.

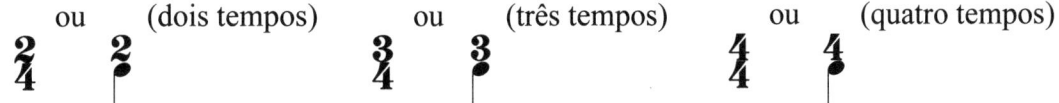

Figura 9 - Equivalência entre a fração e a numeração dos compassos

Faixas 15/16

Blue Bird

Folclore norte-americano
A. Adolfo

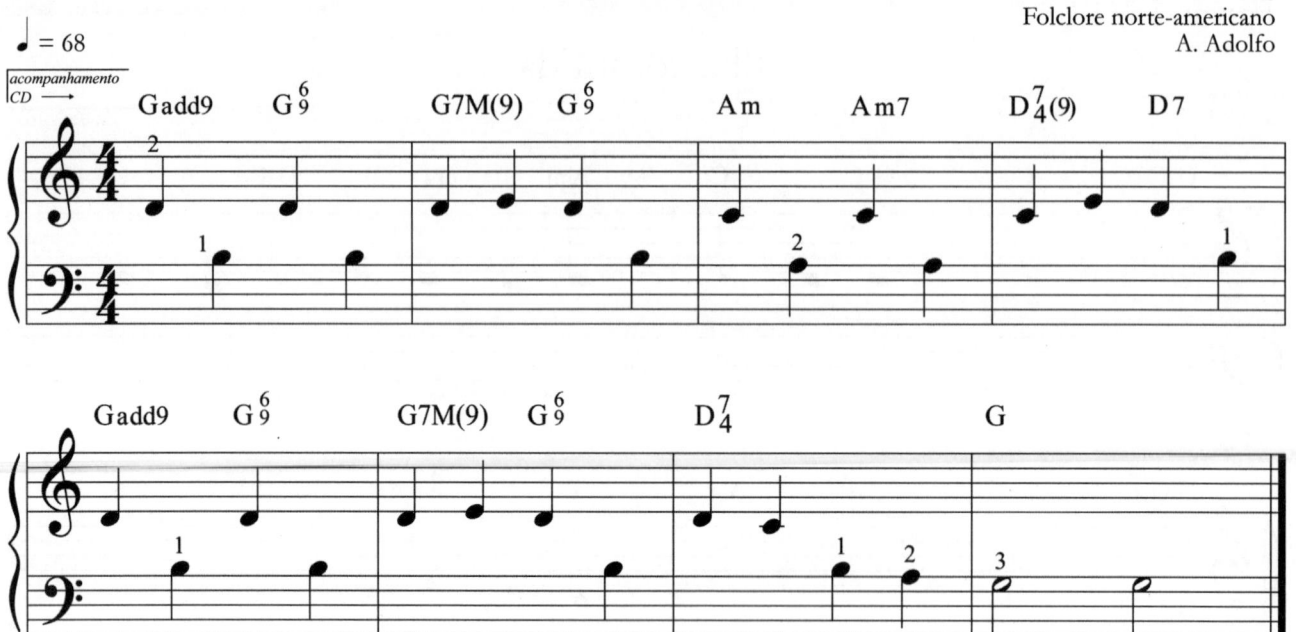

Músicas com a utilização do dedo 4 (anelar)

A partir deste momento, o dedo 4 (anelar), tanto o da mão direita quanto o da esquerda, também será utilizado.

Na música "O anel", o quarto dedo da mão esquerda deve ficar posicionado sobre a nota Sol antes do início da execução.

Faixas 17/18

O anel

A. Adolfo

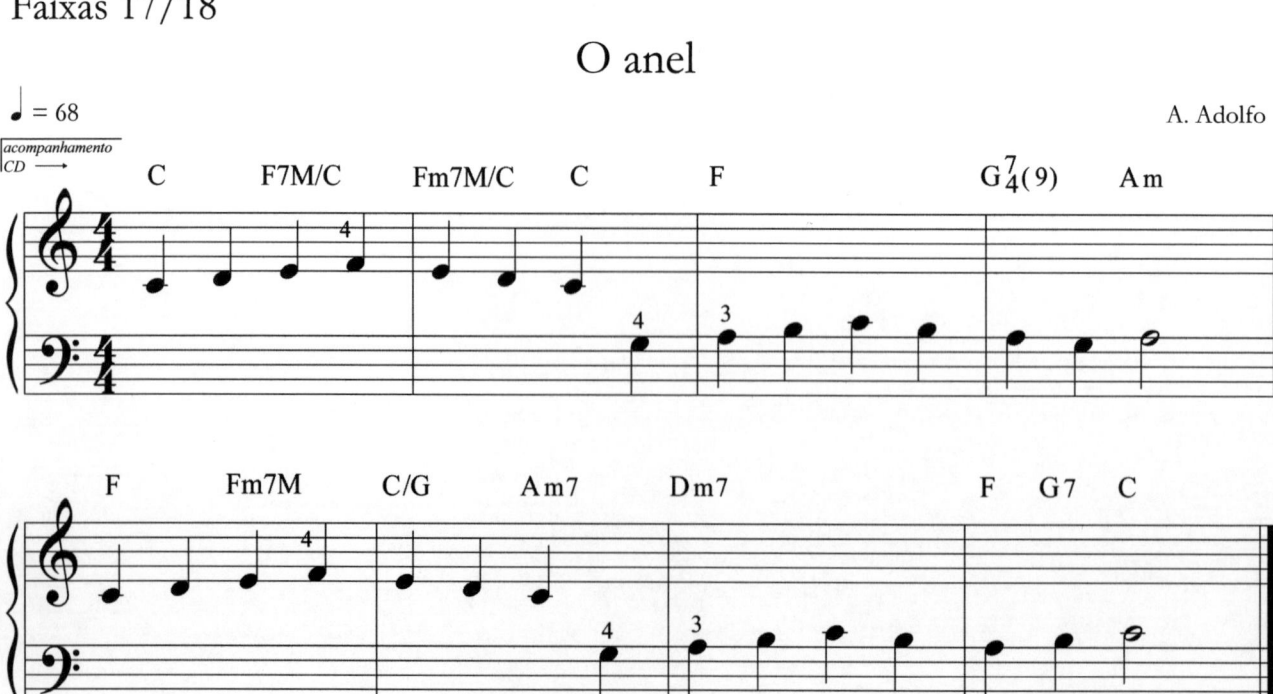

Ponto de aumento

Um ponto do lado direito de uma nota faz aumentar a duração desta em metade do seu valor. Uma mínima pontuada vale, portanto, três tempos:

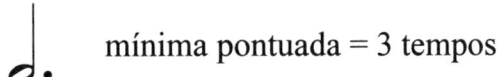

Figura 10 - Ponto de aumento ao lado da mínima

Observação: se a nota estiver escrita sobre a linha, o ponto de aumento deve se situar no espaço imediatamente acima:

Figura 11 - Ponto de aumento ao lado da mínima situada sobre uma linha da pauta

A partir daqui, teremos compassos com numerações diferentes como, por exemplo, 2/4 ou 3/4. Isso atua tanto na contagem inicial feita pelo metrônomo quanto na divisão rítmica dos compassos. Observação: para a música "Westminster Chimes", teremos contagem inicial de três tempos. Devemos deixar a mão esquerda preparada para a execução das notas escritas na segunda pauta, no momento certo.

Faixas 19/20

Westminster Chimes

Tradicional inglesa
Arranjo: A. Adolfo

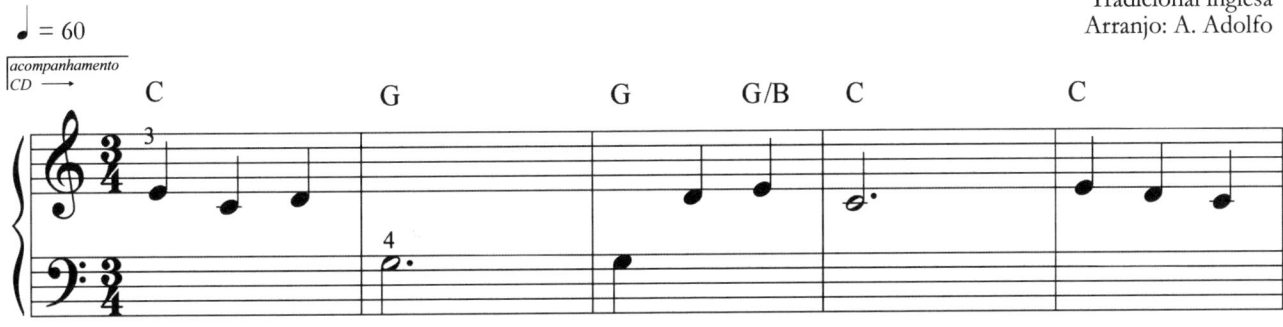

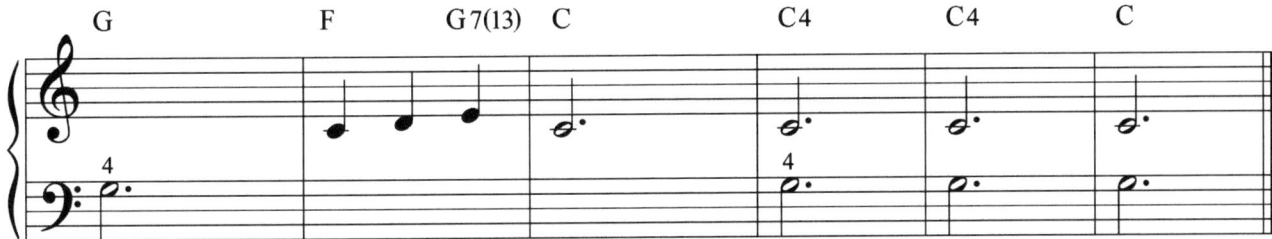

Observação: para a música "De dois em dois", teremos contagem inicial de dois tempos.

Faixas 21/22

De dois em dois

♩ = 68

A. Adolfo

Faixas 23/24

Reggae

♩ = 68

A. Adolfo

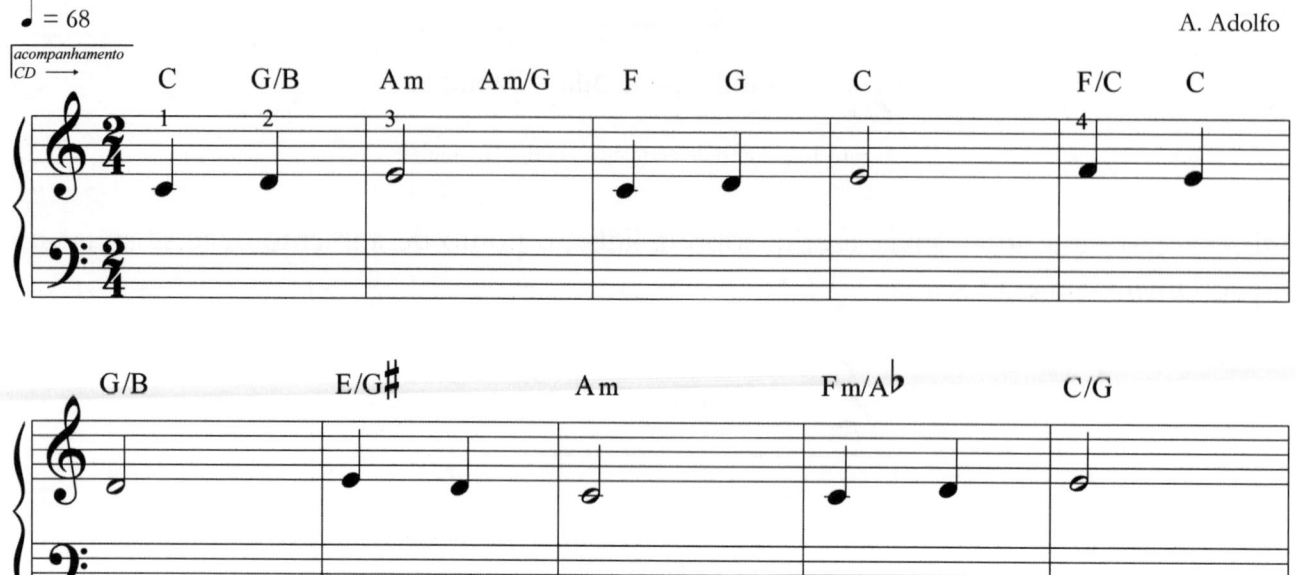

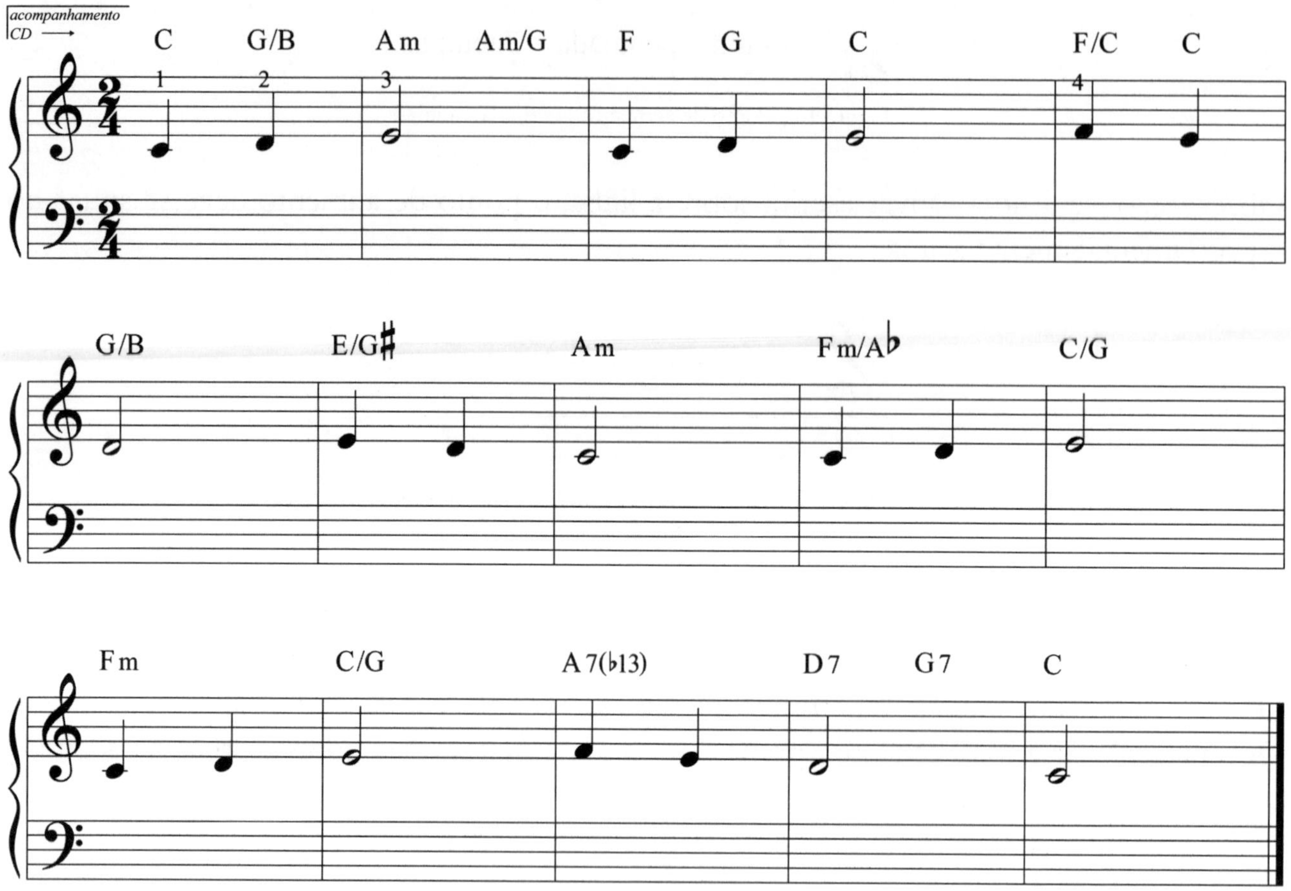

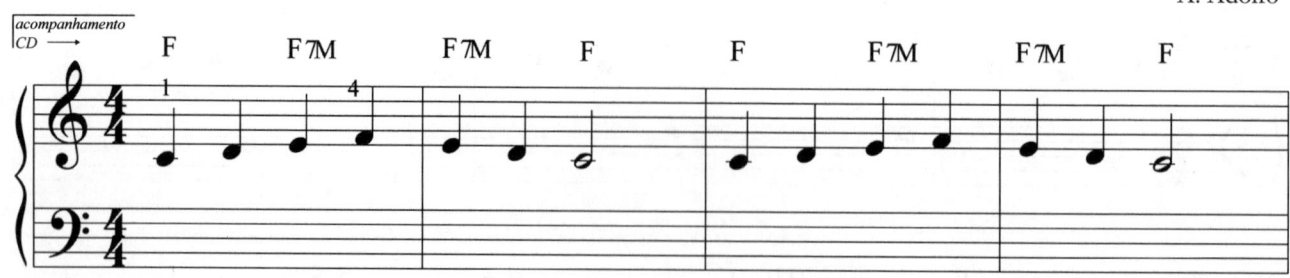

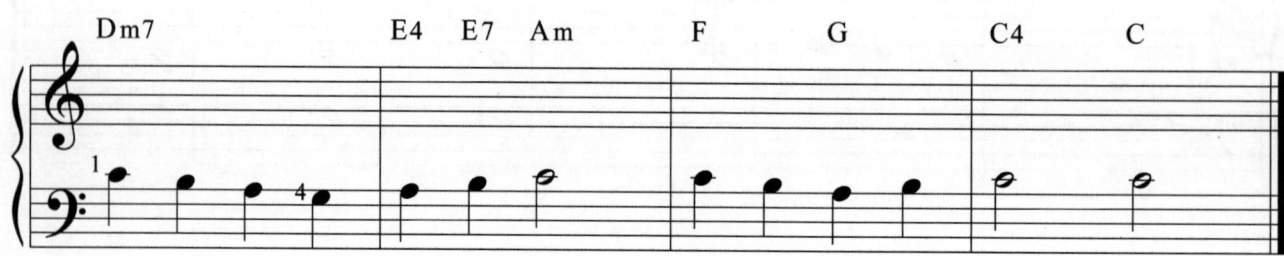

Faixas 25/26

Valsa
(tributo a John Lennon)

A. Adolfo

Semibreve

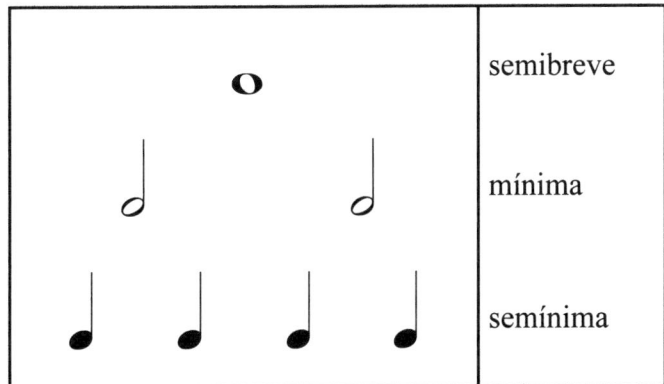

Figura 12 - Quadro com os valores rítmicos já apresentados

A semibreve vale o dobro da mínima. Isso quer dizer que, por exemplo, se a mínima tiver valor de dois tempos, a semibreve valerá quatro e a semínima, um.

Figura 13 - Relação dos valores com suas batidas de tempo

Pausas (descansos)

O mesmo ocorre com as pausas. Vejamos a pausa de semibreve. Ela fica situada abaixo da quarta linha. A pausa de mínima fica situada acima da terceira linha. Vejamos abaixo as três pausas de semibreve, de mínima e de semínima:

Figura 14 - Três diferentes pausas já apresentadas

Observação: para a música seguinte "Sinfonia nº 5", a contagem inicial deverá conter cinco batidas (quatro referentes ao compasso de quatro tempos 4/4 e uma referente à pausa).

Timbre sugerido: Piano
Faixas 27/28

Sinfonia nº 5

P. Tchaikowsky
Arranjo: A. Adolfo

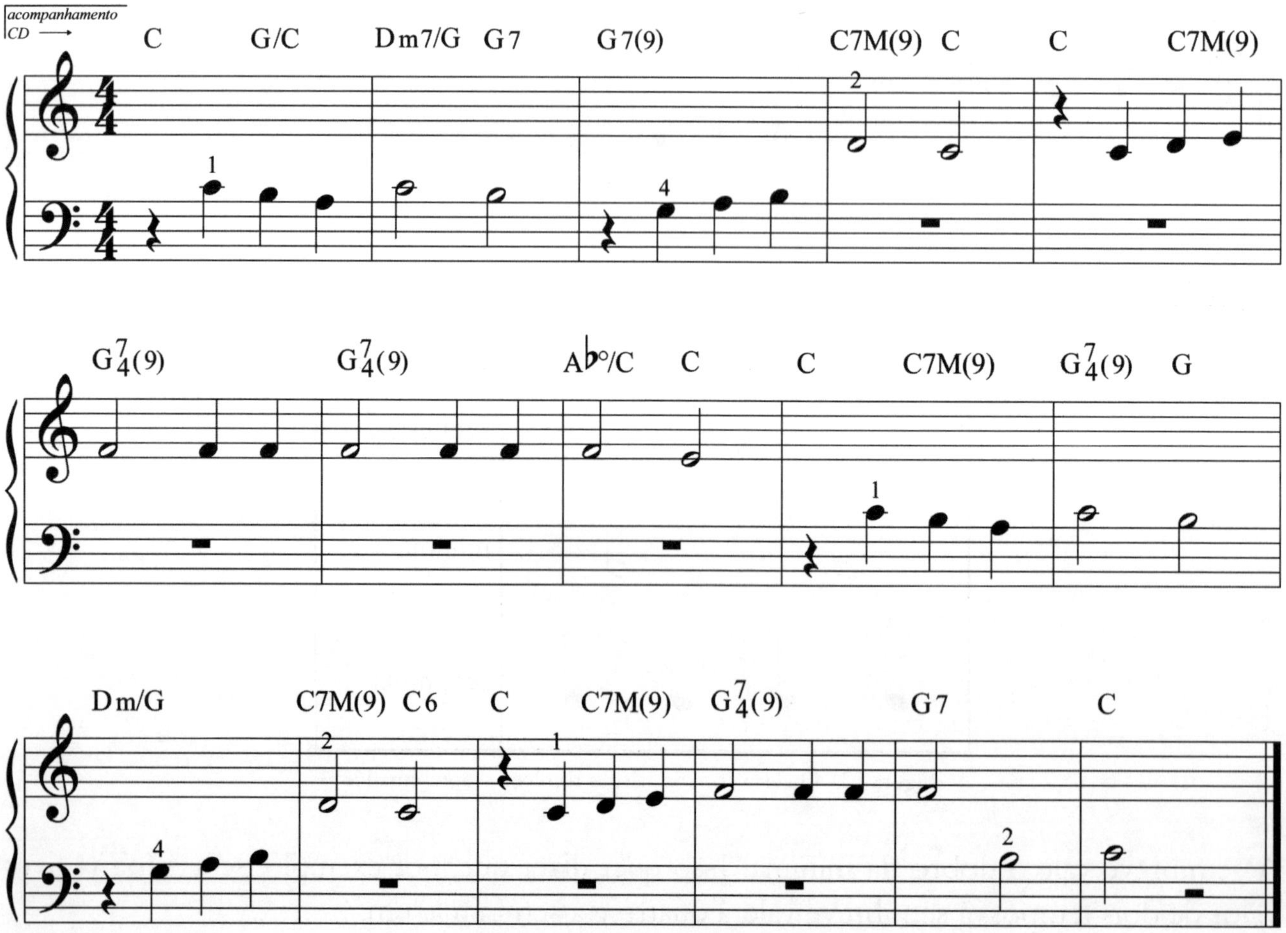

Nota Fá na quarta linha da clave de Fá

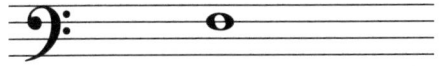

Figura 15 - Representação gráfica da nota Fá para mão esquerda na clave de Fá

A partir deste ponto do livro, sugerimos o uso da bateria eletrônica.

Observação: na música a seguir "O nordestino", a contagem inicial deverá ser de seis tempos, e usaremos o quinto dedo da mão esquerda.

Estilo sugerido: Rock
Timbre sugerido: Clarinet
Faixas 29/30

O nordestino

A. Adolfo

Observação: na música a seguir "Marré de ci", teremos contagem inicial de seis tempos, ou seja, quatro de metrônomo e dois de bateria.

Estilo sugerido: Rock
Timbre sugerido: Clarinet
Faixas 31/32

Marré de ci

Folclore brasileiro
Arranjo: A. Adolfo

Segunda parte

A partir deste ponto, utilizaremos uma faixa do CD para cada música.

Ritornello

Os dois pontinhos ao final da última pauta são chamados de *ritornello* e significam que, quando chegamos ao final da música, devemos voltar ao início e tocá-la novamente até o fim, ou seja, a canção deve ser tocada duas vezes. Observe que os dois pontinhos se situam no segundo espaço e no terceiro espaço.

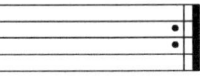

Figura 16 - *Ritornello*

Nota Sol na segunda linha da clave de Sol

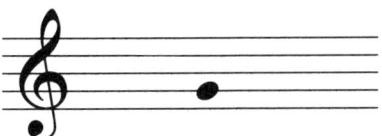

Figura 17 - Nota Sol escrita na clave de Sol

Observação: a partir de agora, o aluno (depois de praticar sozinho ou com o professor) deve tocar, desde a primeira nota, juntamente com o acompanhamento da gravação.

Timbre sugerido: Electric Piano/ Strings
Faixa 33

Canto do povo de um lugar

Caetano Veloso
Arranjo: A. Adolfo

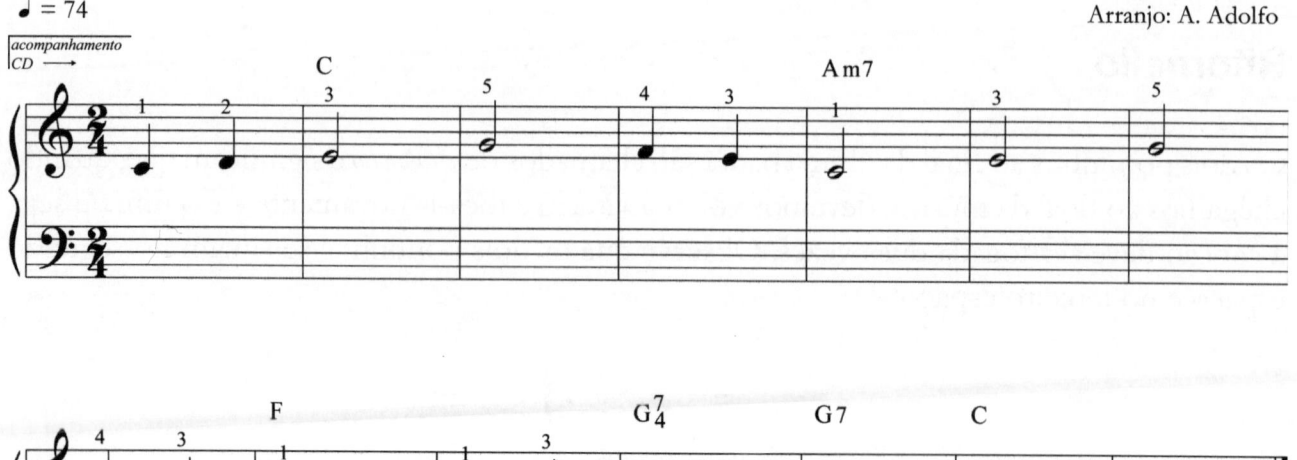

Pentacórdio maior

Trata-se do conjunto de cinco notas adjacentes originadas nas cinco primeiras notas de uma escala maior, conforme se depreende das figuras a seguir (18 a 22).

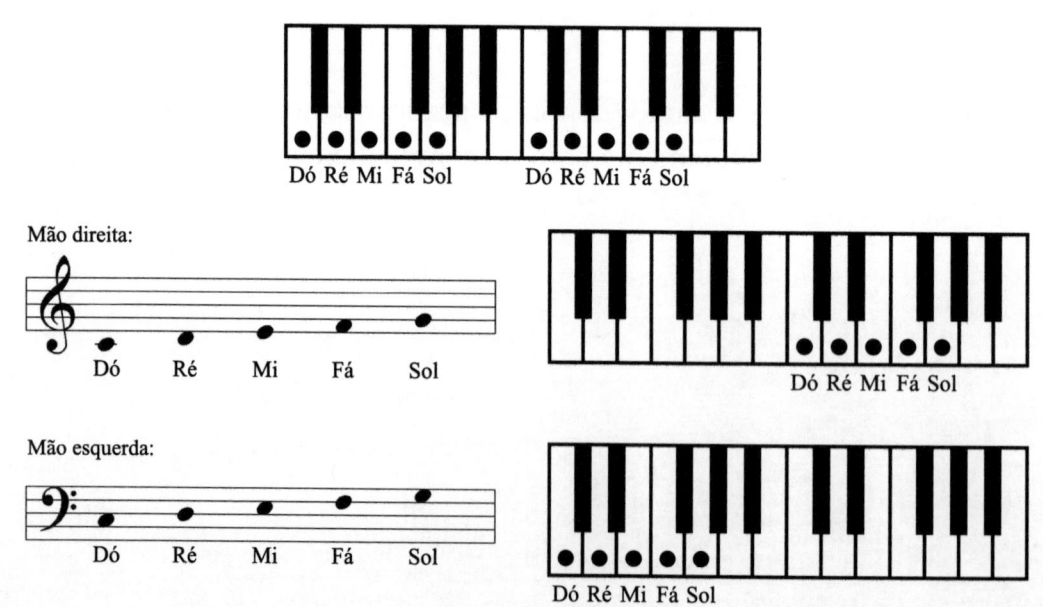

Figura 18 - O pentacórdio de Dó Maior no teclado e no pentagrama

Exemplos de como devemos articular os dedos no pentacórdio maior

Figura 19 (mão direita) - No movimento ascendente, ao tocar com o dedo 1, deixe o dedo 2 preparado

Figura 20 (mão direita) - No movimento ascendente, ao tocar com o dedo 2, deixe o dedo 3 preparado

Figura 21 (mão esquerda) - No movimento ascendente, ao tocar com o dedo 5, deixe o dedo 4 preparado

Figura 22 (mão esquerda) - No movimento ascendente, ao tocar com o dedo 4, deixe o dedo 3 preparado

Ginástica para os dedos

O treinamento a seguir deve ser feito a cada aula, com orientação do professor. Posteriormente, o aluno deverá incorporá-lo ao estudo diário. O propósito desse treinamento não é atingir velocidade, mas fortalecer os dedos. Portanto, ele deve ser realizado em andamento lento, com atenção especial ao movimento dos dedos.

O aluno deve, com as mãos em posição correta conforme demonstrado anteriormente, manter o dedo seguinte (a ser tocado) afastado do teclado, concentrar-se no ataque de cada nota, sem contrair mãos, pulsos, braços e, muito menos, os ombros. Essa ginástica para os dedos serve também como treinamento coletivo de precisão rítmica, em que diferentes timbres podem ser experimentados. O exercício deve ser executado repetidas vezes (no mínimo, duas para cada mão) e sem interrupção até que o professor determine o descanso. O aluno deve se posicionar de forma que não se canse, nem sinta qualquer desconforto. Os braços devem se mover o mínimo possível.

D.C.

Termo originário do italiano, significa **Da Capo**, ou seja, voltar ao início da música. Caso haja a indicação **D.C. ao FIM**, deveremos prosseguir tocando até atingir o termo **FIM**.

Estilo sugerido: Rock
Timbre sugerido: Piano
Faixa 34

Pentacórdio blues
(treinamento técnico)

Obs.: tocar repetidas vezes.
Atenção: lento e articulando os dedos.

♩ = 60

A. Adolfo

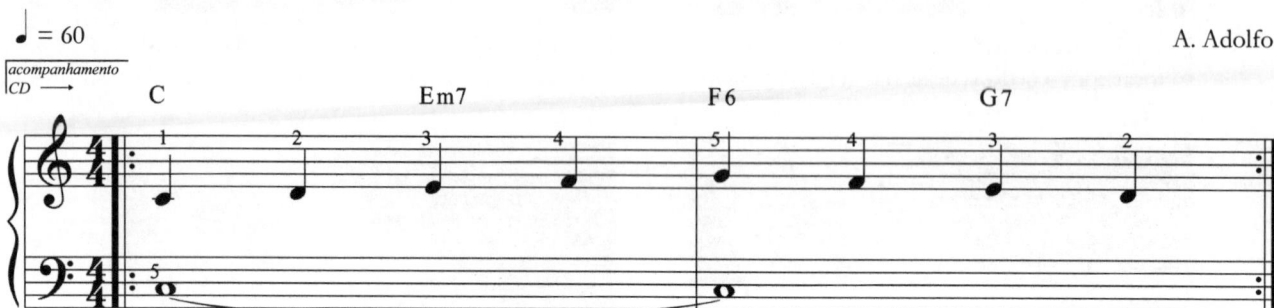

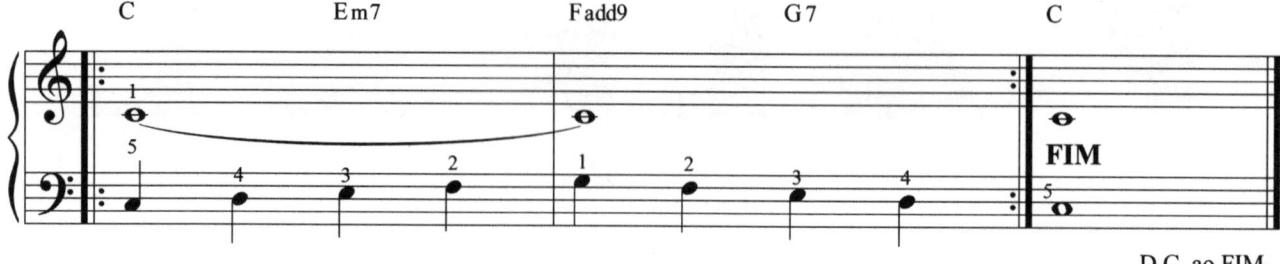

D.C. ao FIM

Arcos para acompanhamento de mão esquerda

O arco para acompanhamento é formado pela primeira nota e pela quinta nota do pentacórdio. Observe na figura 23 o arco proveniente do pentacórdio de Dó (C) formado pela mão esquerda.

Figura 23 - Posição correta da mão esquerda

Relembrando as notas do pentacórdio de Dó escritas na clave de Fá:

5 4 3 2 1
Dó Ré Mi Fá Sol

Figura 24 - Notas do pentacórdio de Dó escritas na clave de Fá

Podemos tocar o arco de Dó (C) com diferentes valores rítmicos:

1 Tempo
→ Sol
→ Dó
2 Tempos
→ Sol
→ Dó
4 Tempos
→ Sol
→ Dó

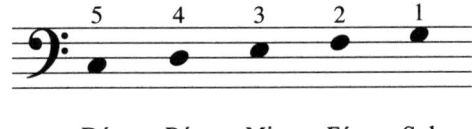

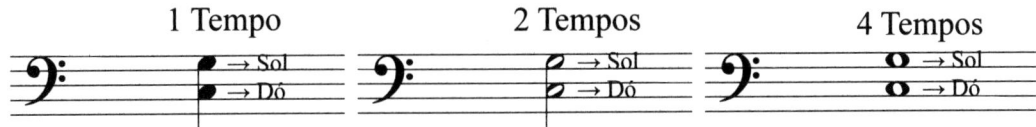

Figura 25 - Arco de Dó (C) com diferentes valores rítmicos

Assim, o arco formado pelo pentacórdio de Sol (G) utiliza, simultaneamente, as notas Sol e Ré, e o de Fá (F) as notas Fá e Dó. Ou, ainda, o de Ré (D) as notas Ré e Lá:

G (Sol)
→ Ré
→ Sol
F (Fá)
→ Dó
→ Fá
D (Ré)
→ Lá
→ Ré

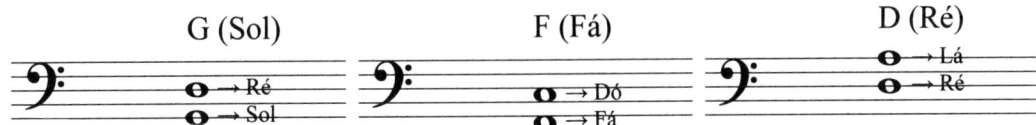

Figura 26 - Arcos de G (Sol), F (Fá) e D (Ré)

A utilização dos arcos para mão esquerda demanda que o aluno tenha noções básicas de cifragem:

A = Lá **B = Si** **C = Dó** **D = Ré** **E = Mi** **F = Fá** **G = Sol**

Observação: as notas rítmicas ◇, ◇ e × determinam a duração rítmica dos arcos para acompanhamento.

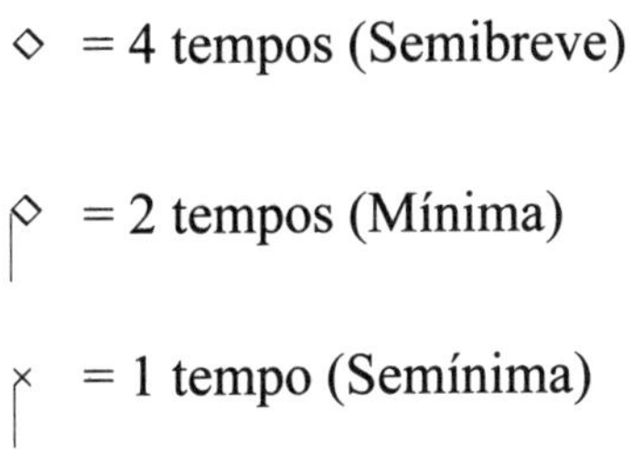

= 4 tempos (Semibreve)
= 2 tempos (Mínima)
= 1 tempo (Semínima)

Figura 27 - Notas rítmicas e seus valores

Timbre sugerido: Piano
Faixa 35

Ode à alegria

Ludwig van Beethoven
Arranjo: A. Adolfo

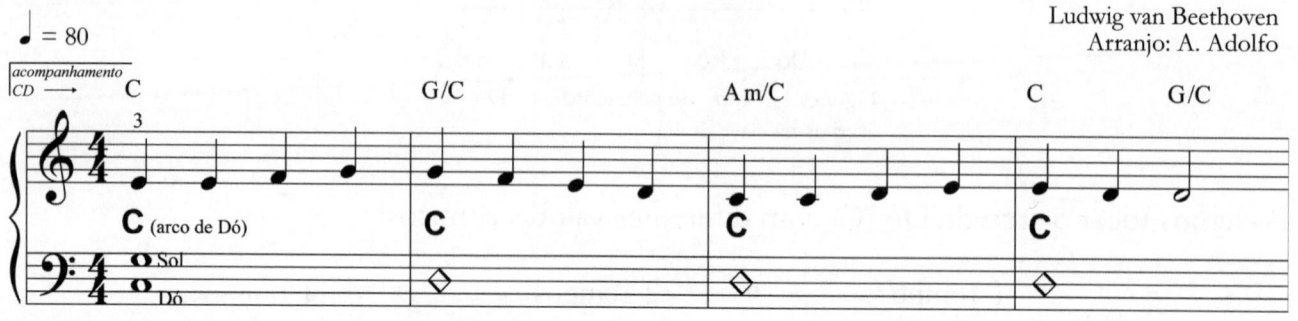

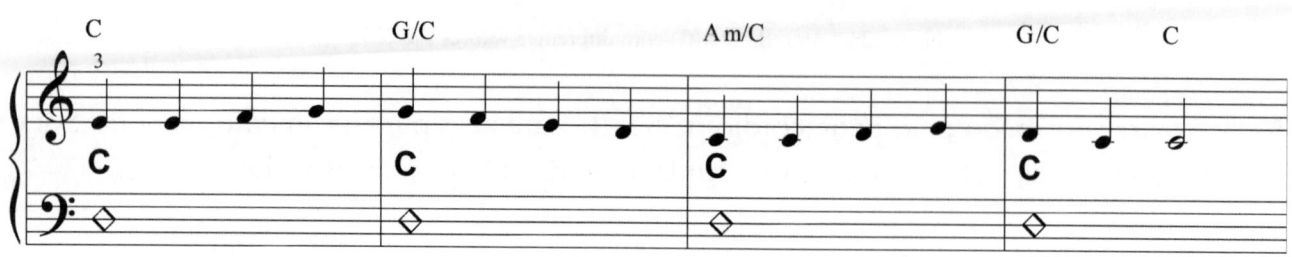

Nota: importante observar que o sinal de repetição (*ritornello*) pode substituir a utilização do termo D.C. ou D.C ao Fim.

A próxima música "Mary Had a Little Lamb", além de ritmos para acompanhamento idênticos aos apresentados na faixa 35 (dois e quatro tempos), possui a figura (×), que corresponde a um tempo.

Timbre sugerido: Piano
Faixa 36

Mary Had a Little Lamb

Nursery rhyme song
Arranjo: A. Adolfo

Casa de primeira vez e casa de segunda vez

Importante ressaltar que os compassos escritos na casa de primeira vez somente devem ser tocados na primeira vez em que a música ou determinada parte desta for executada. Após a repetição, devemos ir direto para a casa de segunda vez.

Timbre sugerido: Piano
Faixa 37

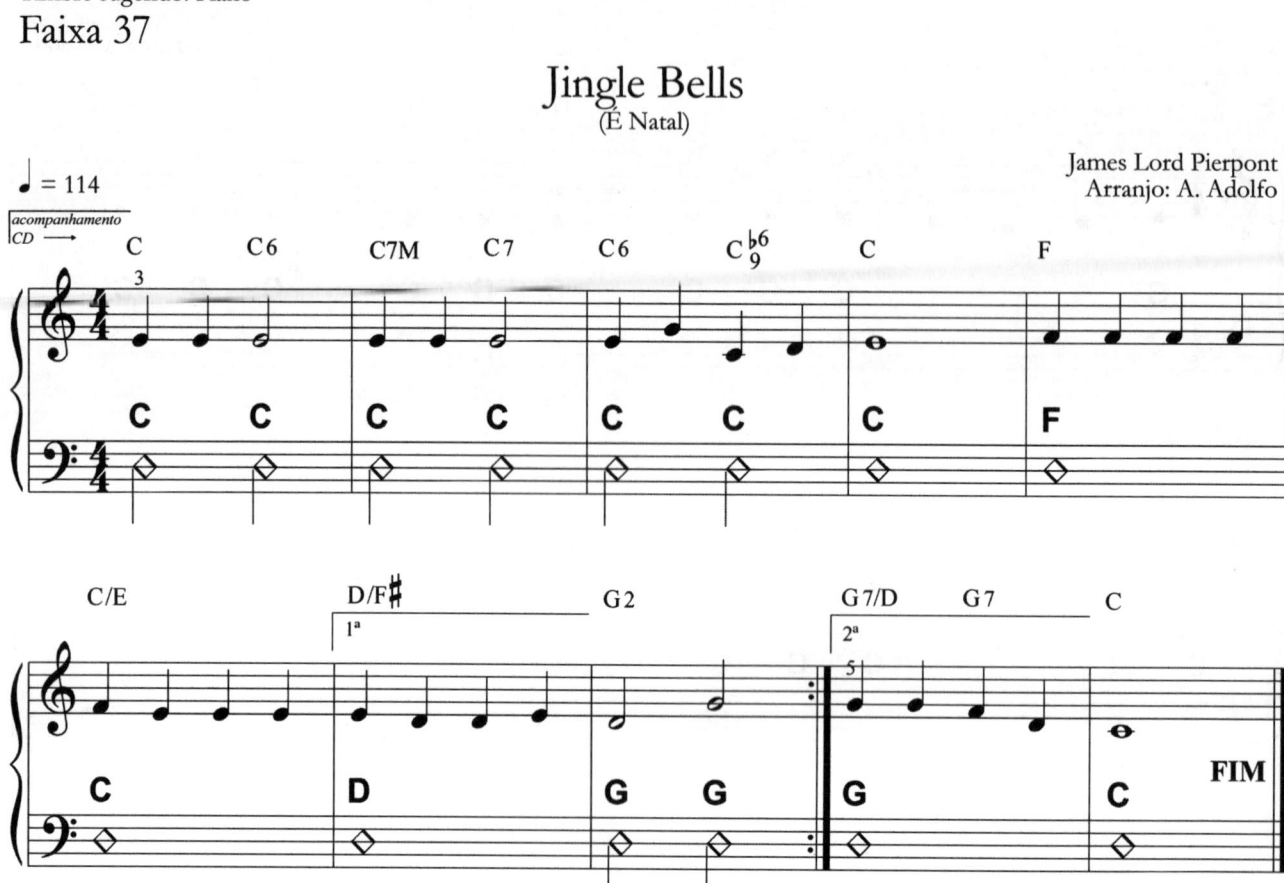

Observação: quando uma nota estiver ligada à outra do mesmo nome, deverá ser prolongada. Nos dois últimos compassos da música "O jangadeiro", na casa de segunda vez, as notas terão duração de quatro tempos e não de dois.

Timbre sugerido: Electric Piano / Strings

Faixa 38

Nota: na canção acima "O jangadeiro", poderíamos ter utilizado cifragem dos arcos em vez de notas escritas em quase toda a música.

Compasso acéfalo

Como visto anteriormente, nem sempre as músicas começam no primeiro tempo (tempo 1). O grupo de notas que antecede o primeiro tempo, quando corresponde a mais que a metade do compasso, faz parte de um compasso acéfalo. Na canção seguinte "When The Saints Go Marching In", as notas do início (Dó, Mi, Fá) compõem um compasso acéfalo. É facilmente perceptível observar que o primeiro compasso se mostra incompleto ritmicamente. Falta um tempo.

Notas entre parênteses

Notas entre parênteses, com alguma indicação específica, são extremamente comuns em música, como ocorre no último compasso de "When The Saints Go Marching In", em que há a indicação das notas Dó, Mi e Fá entre parêntesses que sugere a repetição da canção. No entanto, para a finalização, devemos somente tocar o Dó e prolongarmos.

Ritornello voltando a outro ponto da música que não o início

É muito comum o uso de *ritornello* para indicar retorno a um ponto da música que não o início. Para isso, a partitura (pauta musical) deve ter indicação do local onde voltar.

Estilo sugerido: Swing
Timbre sugerido: Piano
Faixa 39

When The Saints Go Marching In

Hino gospel norte-americano
Arranjo: A. Adolfo

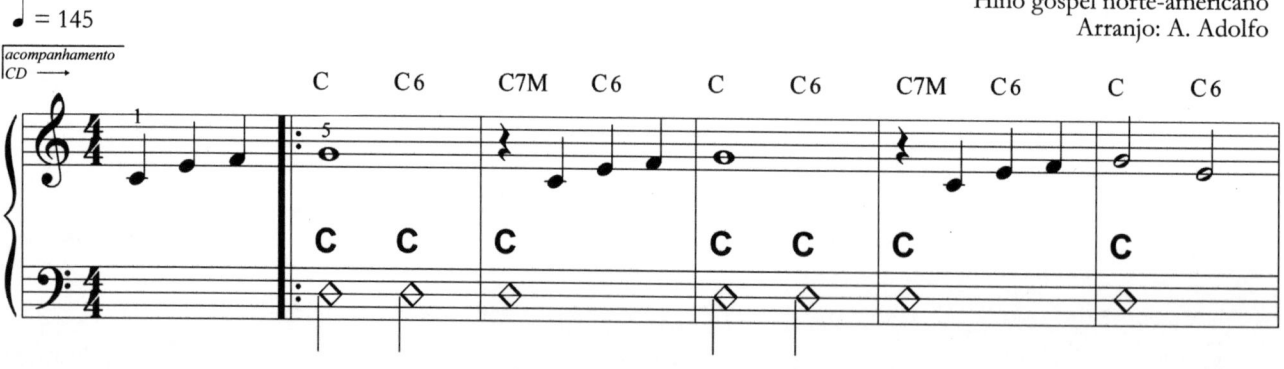

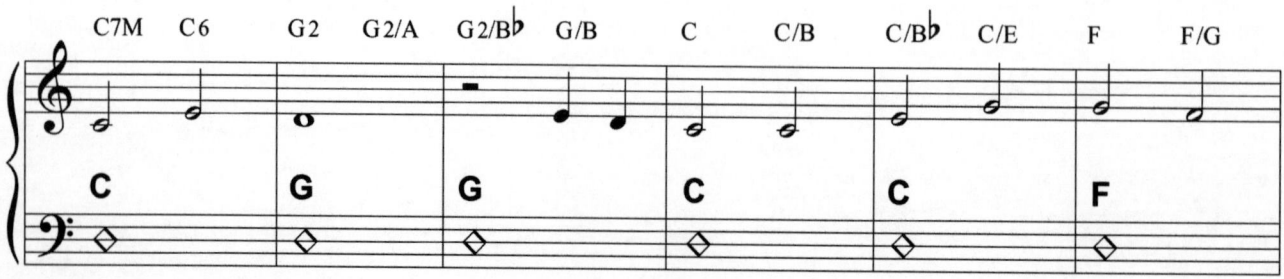

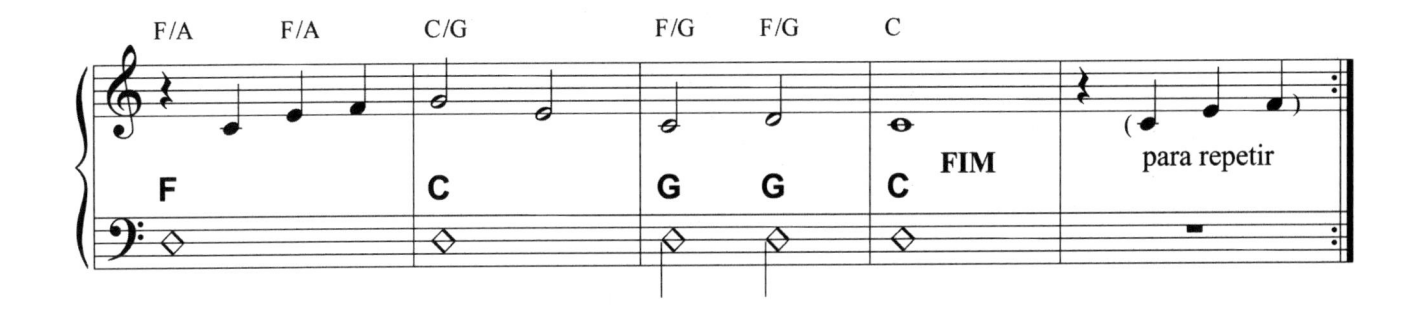

Fermata

Trata-se de um sinal (𝄐) que, colocado em uma nota ou pausa, faz prolongar indeterminadamente sua duração. A fermata é comumente utilizada para finalizar uma canção ou um trecho musical.

Aumento da extensão do registro agudo até a nota Lá

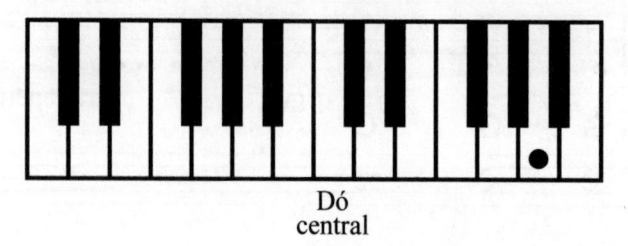

A nota Lá é escrita no segundo espaço

Dó central

Figura 28 - Nota Lá no teclado e nota Lá na pauta

Timbre sugerido: Alto Flute
Faixa 40

Assum preto

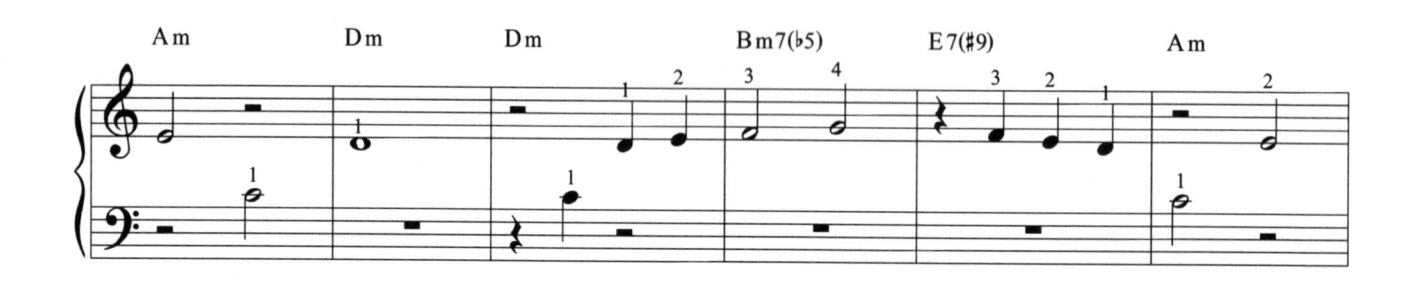

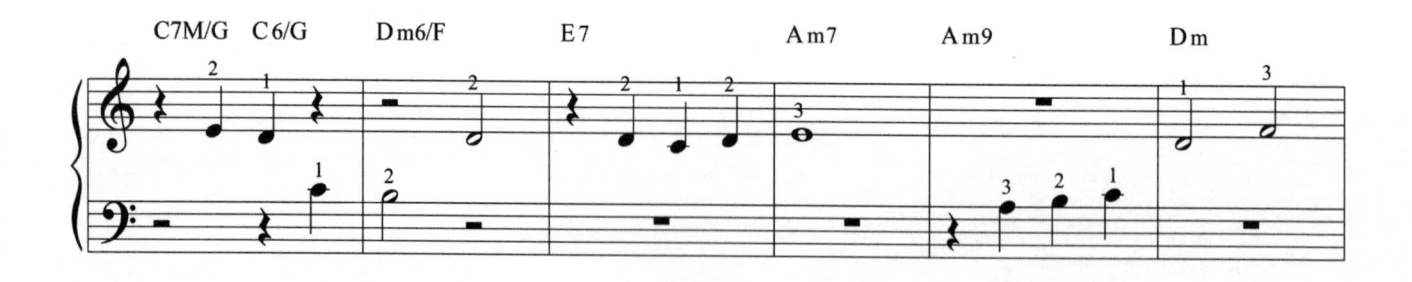

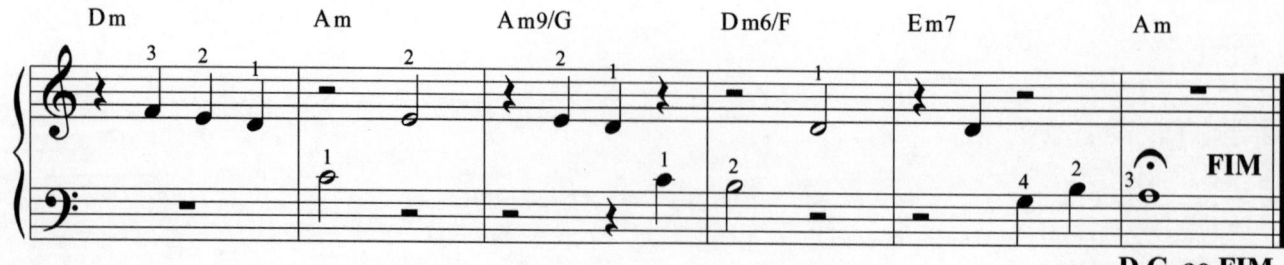

Luiz Gonzaga e Humberto Teixeira
Arranjo: A. Adolfo

Copyright © by EDITORA E IMPORTADORA MUSICAL FERMATA DO BRASIL (100%)

D.C. ao FIM

Obs.: a fermata só vale para o final da música.

Timbre sugerido: Piano
Faixa 41

Asa branca

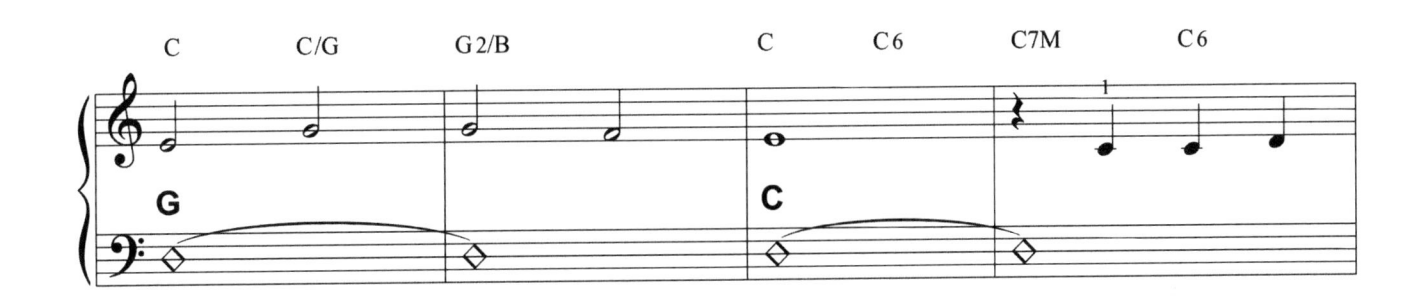

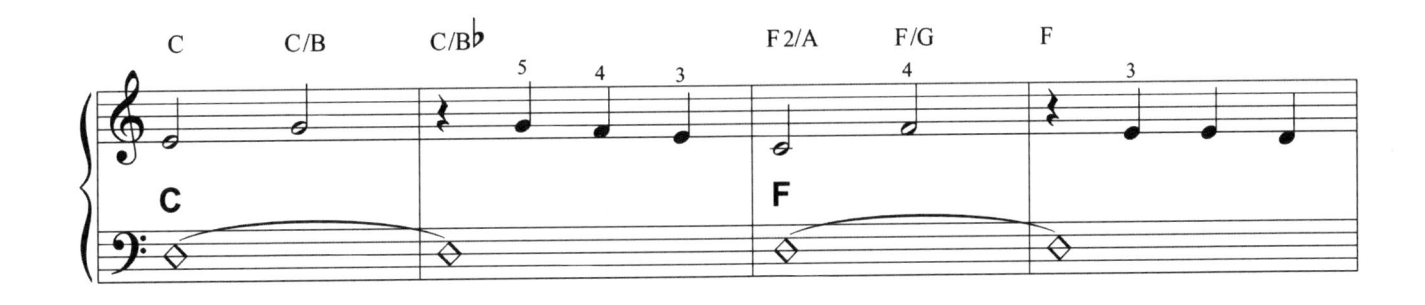

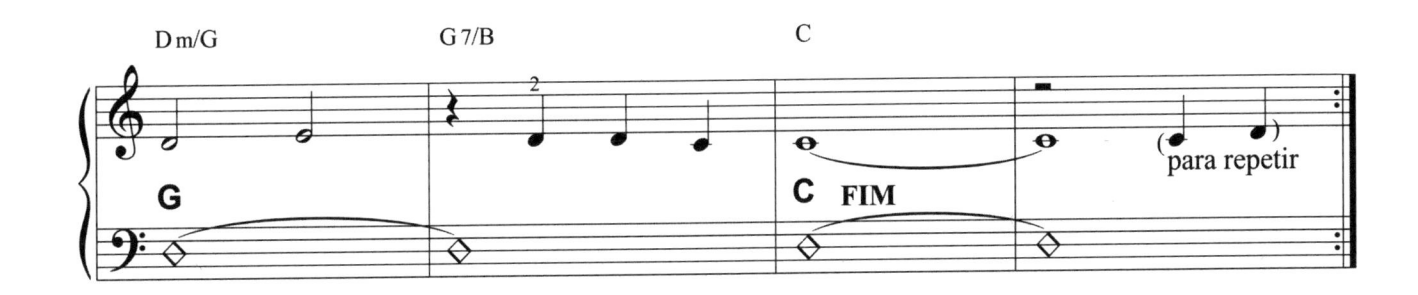

Luiz Gonzaga e Humberto Teixeira
Arranjo: A. Adolfo

Nota exclusiva para o professor: ensine o final da música por imitação ou incentive o aluno a "tirar de ouvido", o que é recomendável.

Copyright © by EDITORA E IMPORTADORA MUSICAL FERMATA DO BRASIL (100%)

Terceira parte

Colcheia

É a figura que vale metade do valor de uma semínima e um quarto do valor de uma mínima. A colcheia é representada pelos seguintes símbolos:

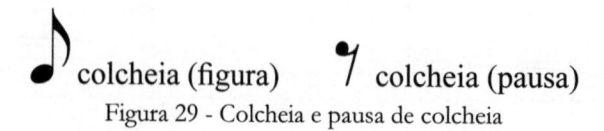

♪ colcheia (figura)   ♪ colcheia (pausa)

Figura 29 - Colcheia e pausa de colcheia

Normalmente, as colcheias se agrupam em duas ou em quatro:

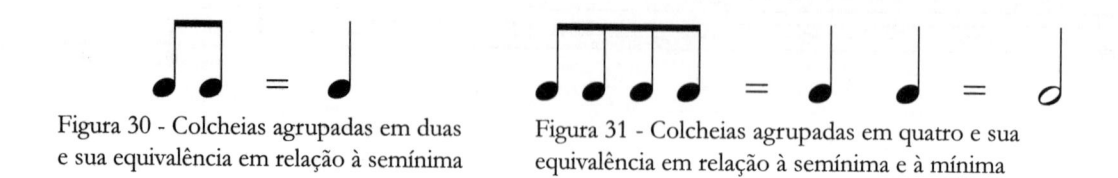

Figura 30 - Colcheias agrupadas em duas e sua equivalência em relação à semínima

Figura 31 - Colcheias agrupadas em quatro e sua equivalência em relação à semínima e à mínima

O quadro de valores rítmicos dados até agora fica da seguinte forma:

	figuras	pausas
semibreve	o	▬
mínima	♩ ♩	▬
semínima	♩ ♩ ♩ ♩	𝄽
colcheia	♫ ♫ ♫ ♫	♪

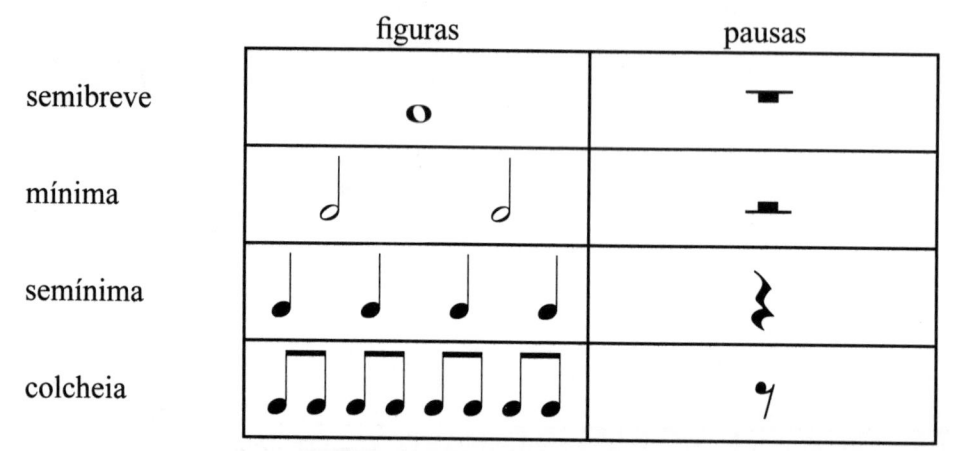

Figura 32 - Quadro com os diferentes valores e pausas apresentados até o momento

Observação: dependendo da altura (localização na pauta), as figuras podem aparecer com hastes para baixo ou para cima. Exemplo com colcheias:

♪ ou ♪ ou ♫ ou ♫ ou ♫♫ ou ♫♫

Figura 33 - Colcheias isoladas ou agrupadas em duas ou quatro com hastes para cima ou para baixo

Timbre sugerido: Piano
Faixa 42

Desafio

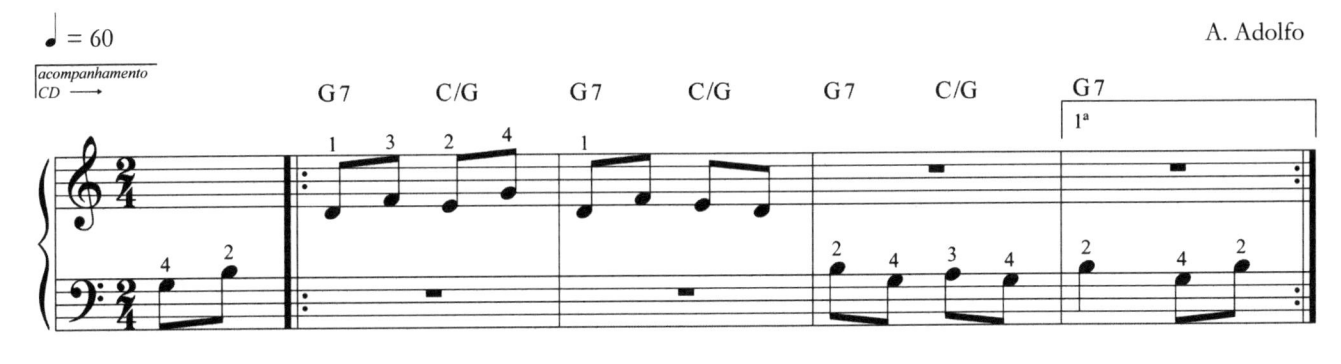

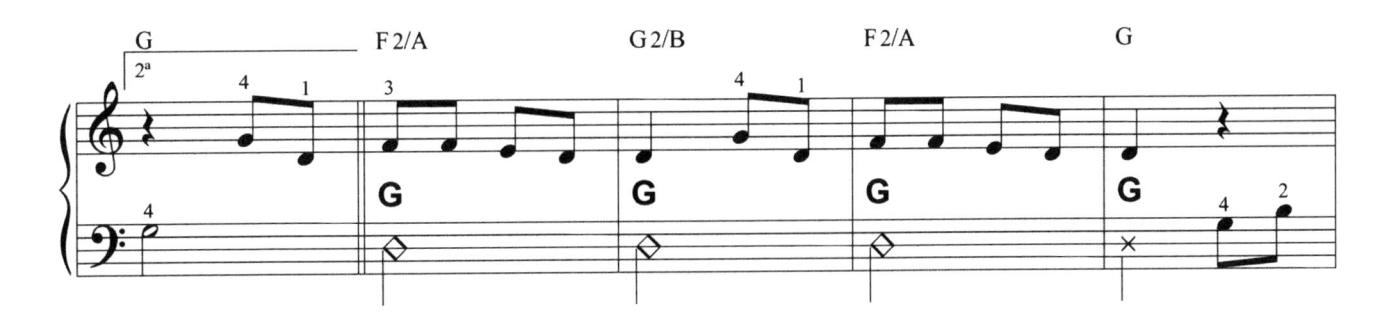

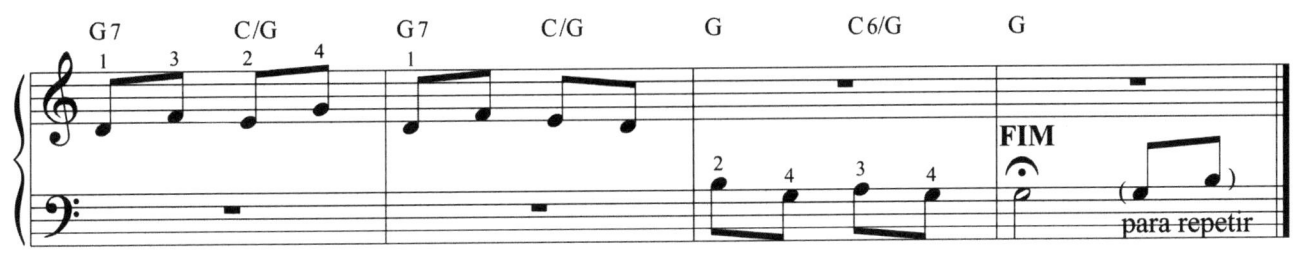

A. Adolfo

♩ = 60

acompanhamento CD →

D.C. ao FIM

Obs.: a fermata só vale para a última vez.

Timbre sugerido: Piano / Strings

Faixa 43

Dança polonesa
(da ópera Príncipe Igor)

A. Borodin
Arranjo: A. Adolfo

♩ = 70

D.C. ao FIM
Obs.: a fermata só vale
para a última vez.

Aumento da extensão do registro grave até a nota Dó

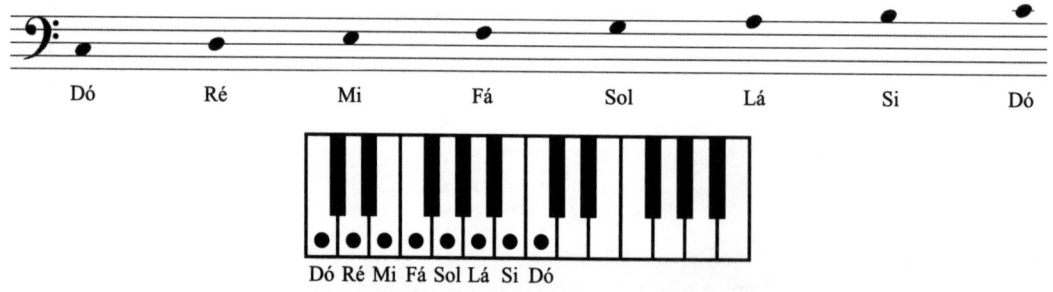

Dó Ré Mi Fá Sol Lá Si Dó

Figura 34 - Sequência de notas até a nota Dó na clave de Fá

Sugestão: tocar "Ensaiando um boogie" uma oitava abaixo (8vb) tanto com a mão direita quanto com a esquerda. Como podemos constatar, uma oitava abaixo, normalmente, é representada pelo sinal (8vb).

Estilo sugerido: Rock Shuffle
Timbre sugerido: Piano
Faixa 44

Ensaiando um boogie

A. Adolfo

Obs.: a fermata só vale para a última vez.

Pausa de três tempos

Assim como existem figuras com o valor de três tempos, o mesmo ocorre com pausas:

➖• = Pausa de três tempos

𝄗• = três tempos (acompanhamento com arcos)

Figura 35 - Representação das figuras de três tempos

Timbre sugerido: Mandolin
Faixa 45

Ensaiando uma guarânia

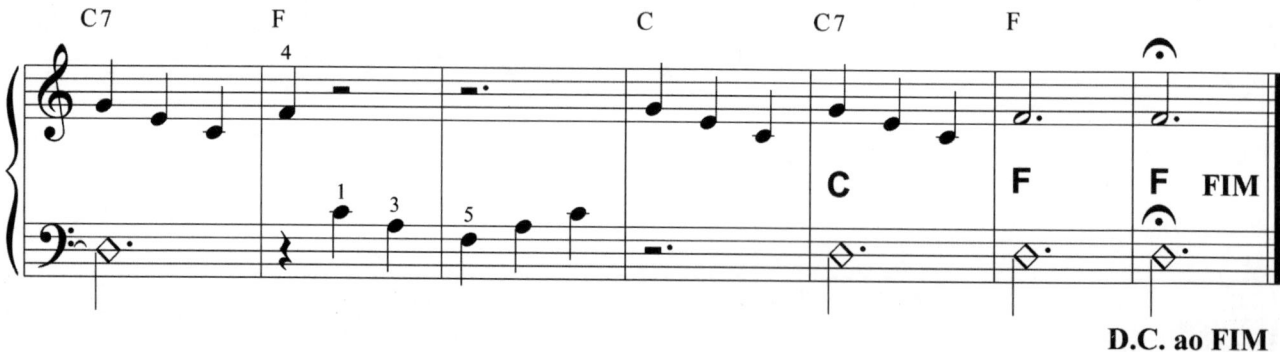

A. Adolfo

♩ = 92

acompanhamento CD

D.C. ao FIM

Obs.: a fermata só vale para a última vez.

Nota: o excesso de pausas na música adiante "Rock do ferreiro" pode dificultar a leitura. Isso, porém, não deverá ser motivo para desestimular o aluno, que deve seguir os gráficos de apoio (linhas inclinadas) sugeridos entre as notas. O aluno pode criar uma improvisação no estilo rock para continuar a música e voltar em seguida ao tema. Isso pode ser ótimo!

Estilo sugerido: Rock
Timbre sugerido: Clavinet
Faixa 46

Rock do ferreiro
(tema folclórico "Bate, bate o ferreiro")

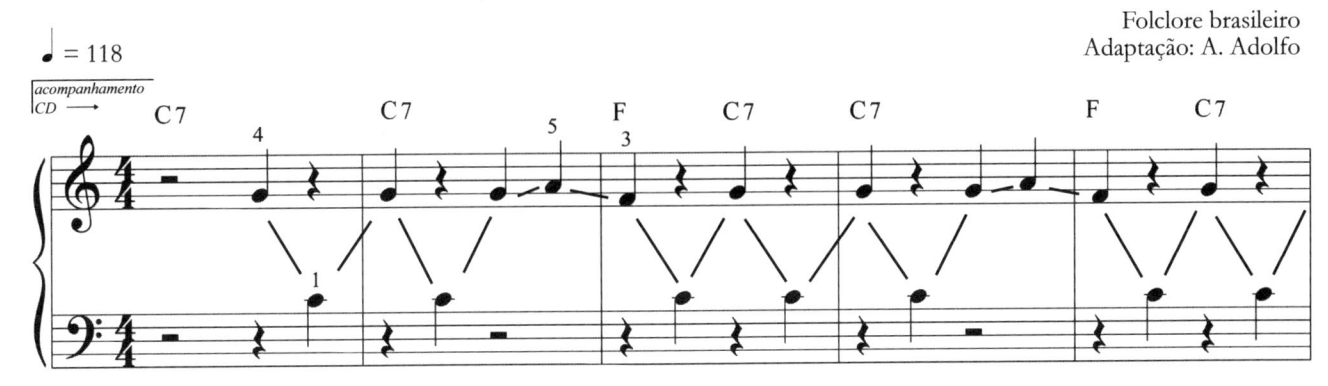

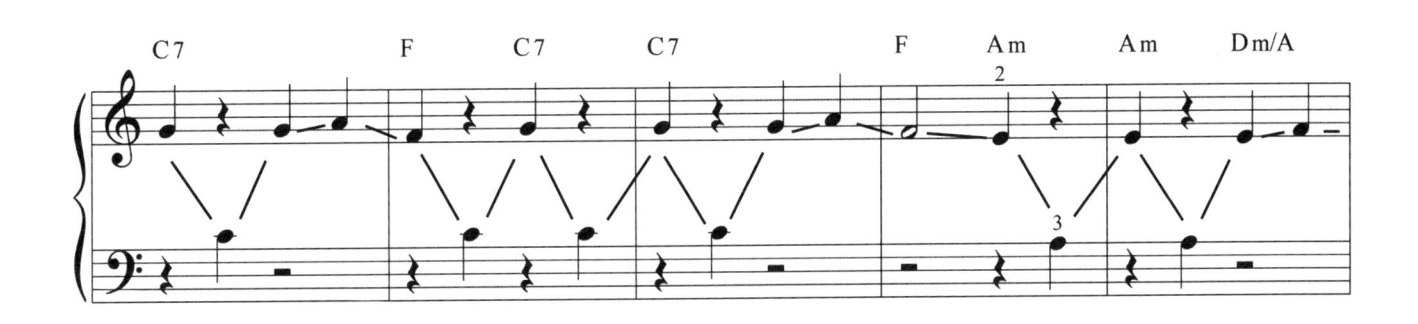

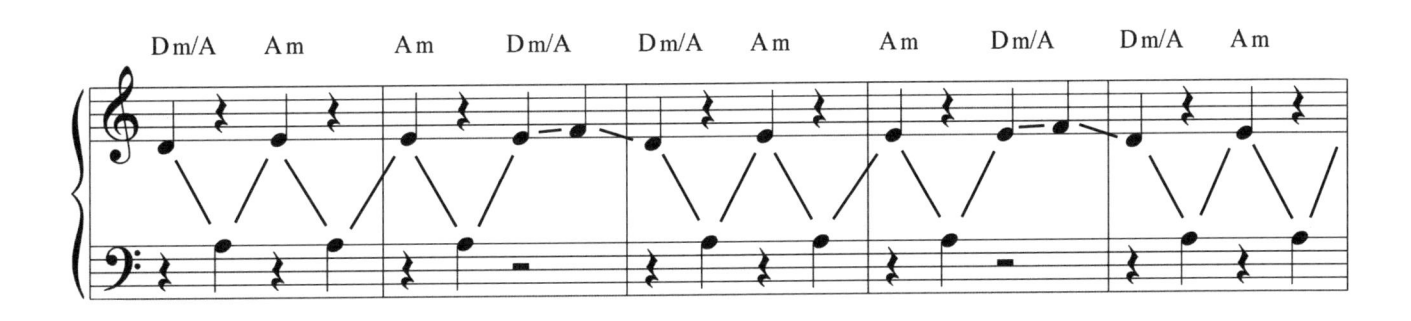

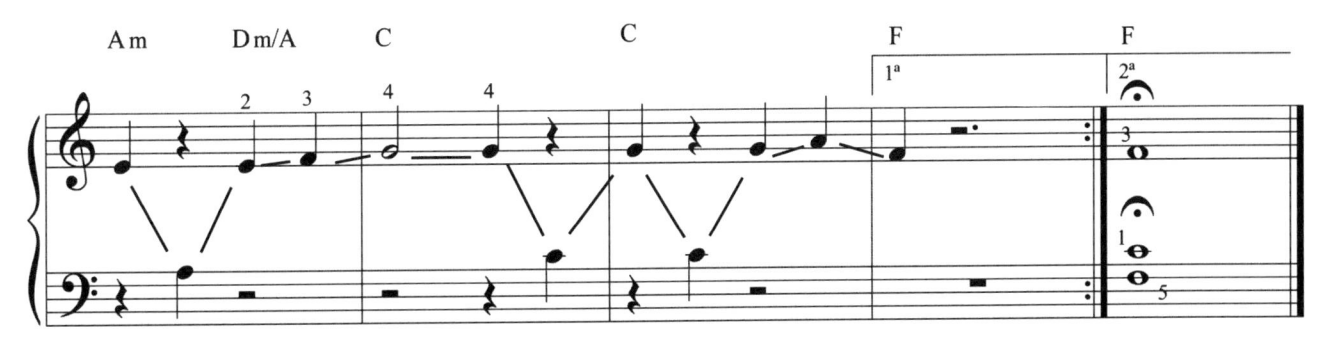

Folclore brasileiro
Adaptação: A. Adolfo

Aumento da extensão do registro agudo até as notas Si e Dó

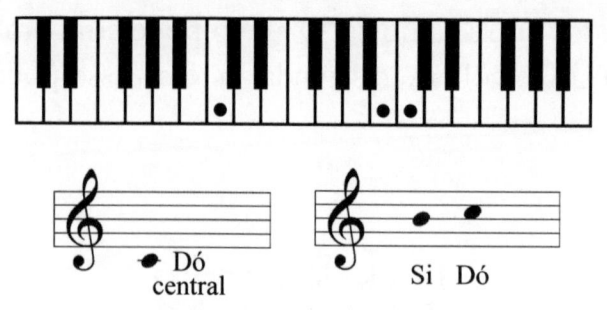

Figura 36 - Representação gráfica do aumento da extensão do registro agudo até as notas Si e Dó

Nota: no quarto compasso da música a seguir "O fazendeiro feliz", o polegar da mão direita deve se deslocar para a nota Fá e assim por diante.

A partir deste momento, o aluno pode escolher o timbre que usará em cada música.

Timbre sugerido: Piano
Faixa 47

O fazendeiro feliz

R. Schumann
Arranjo: A. Adolfo

para voltar

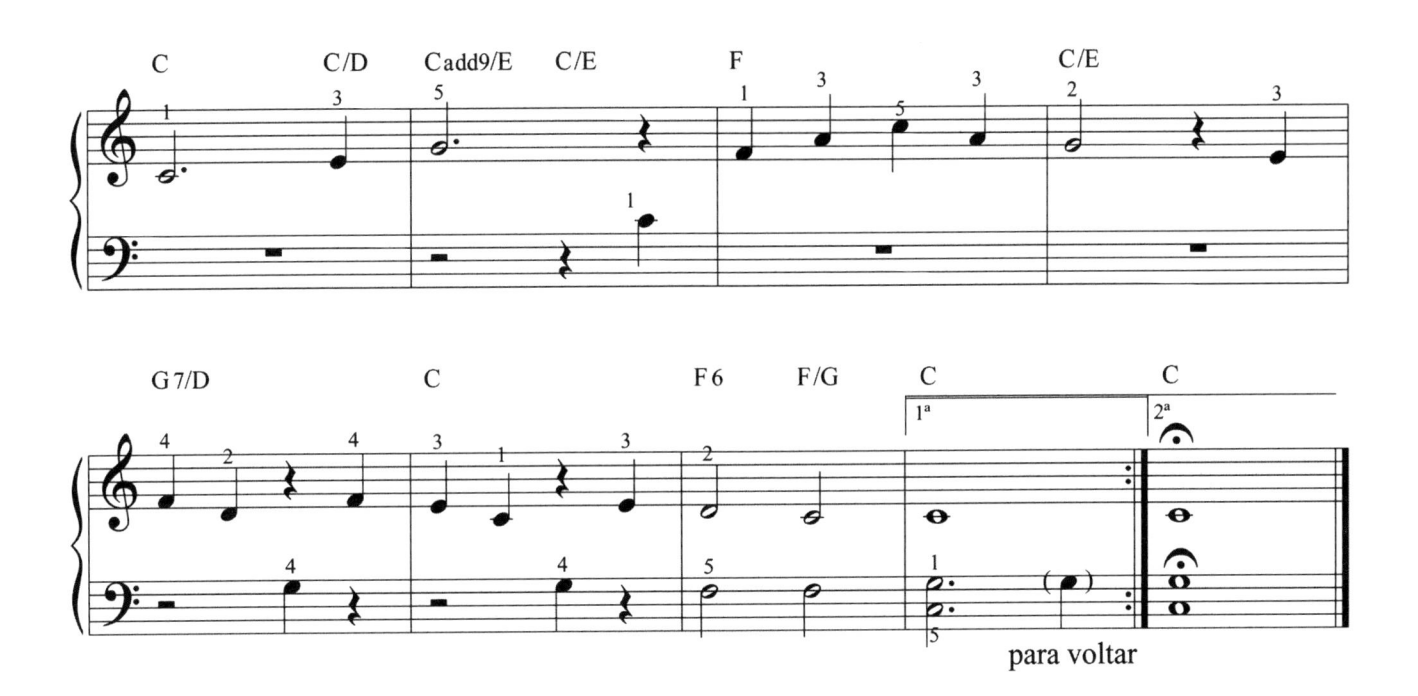

Observação: ao chegar ao fim da música seguinte "Halloween", o aluno deve voltar ao início e tocar tudo novamente com o acompanhamento pré-gravado.

Timbre sugerido: Clarinet
Faixa 48

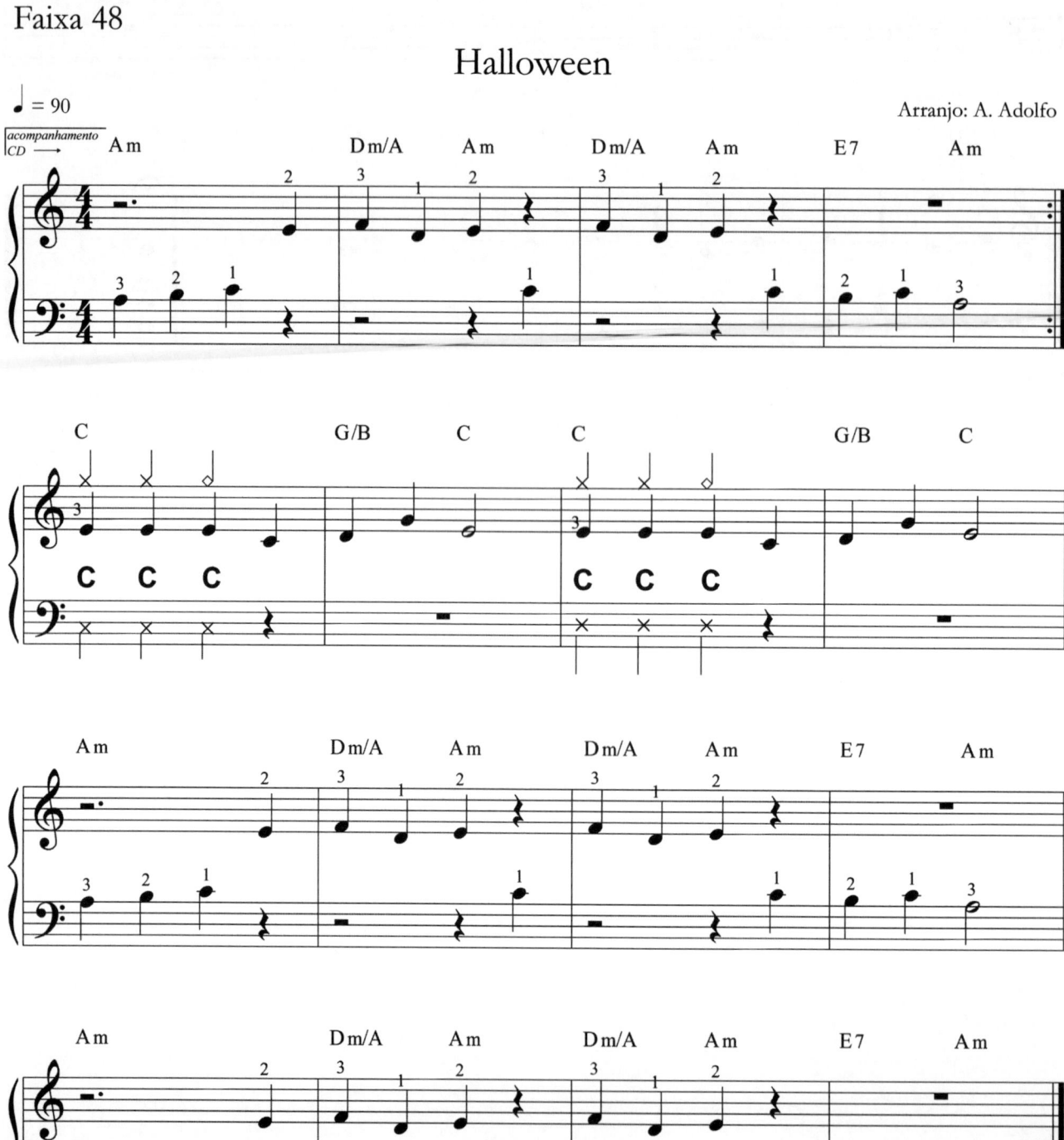

Halloween

Arranjo: A. Adolfo

D.C. ao FIM

Observação: para a música a seguir "Lightly Row", o aluno encontrará momentos em que o acompanhamento deverá ser tocado em colcheias.

× × = 2 colcheias para acompanhamento com arcos para a mão esquerda

Figura 37 - Representação rítmica com duas colcheias para se tocar os arcos de acompanhamento

Timbre sugerido: Piano
Faixa 49

Lightly Row

Folclore alemão
Arranjo: A. Adolfo

♩ = 82

Nota: importante salientar, por ora, que em acompanhamento com arcos para a mão esquerda, uma letra maiúscula isolada (ou uma letra maiúscula seguida de um "m" minúsculo) significa que devemos tocar da mesma forma, com as mesmas notas. Mais adiante, quando do estudo de acordes, veremos que essa regra não se aplicará à leitura de cifragem.

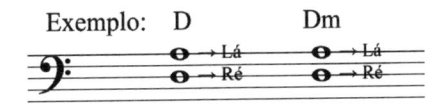

Exemplo: D Dm
→ Lá → Lá
→ Ré → Ré

Figura 38 - Representação do arco D e do arco Dm

Timbre sugerido: Mandolin
Faixa 50

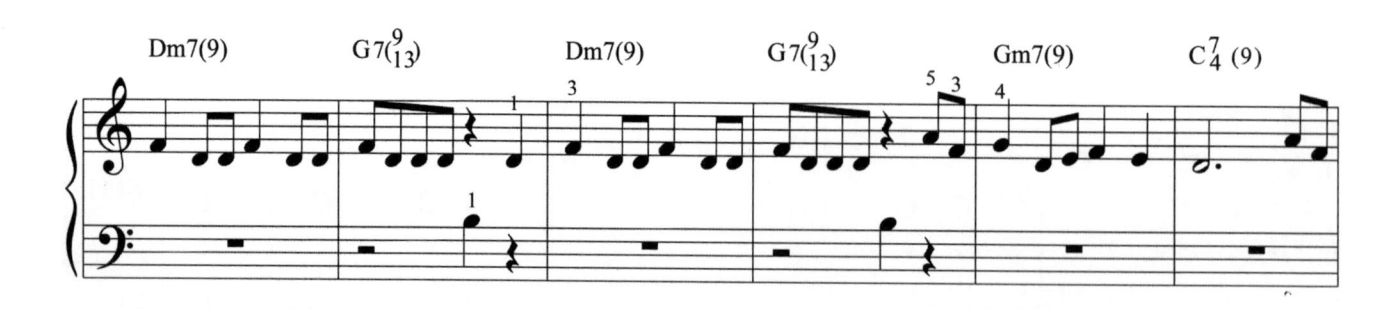

Reza

Edu Lobo e Rui Guerra
Arranjo: A. Adolfo

D.C. ao FIM

Obs.: a fermata só vale para o FIM.

Copyright © 1972 by IRMÃOS VITALE S/A IND. E COM. (100%)

Nota: na música a seguir "Marcha soldado", o tecladista pode optar tanto por tocar lendo as notas quanto os arcos cifrados para mão esquerda.

Estilo sugerido: March
Timbre sugerido: French Horn

Faixa 51

Marcha soldado

Folclore brasileiro
Arranjo: A. Adolfo

FIM   **D.C. ao FIM**

Obs.: tocar duas vezes a música inteira.

Timbre sugerido: Piano
Faixa 52

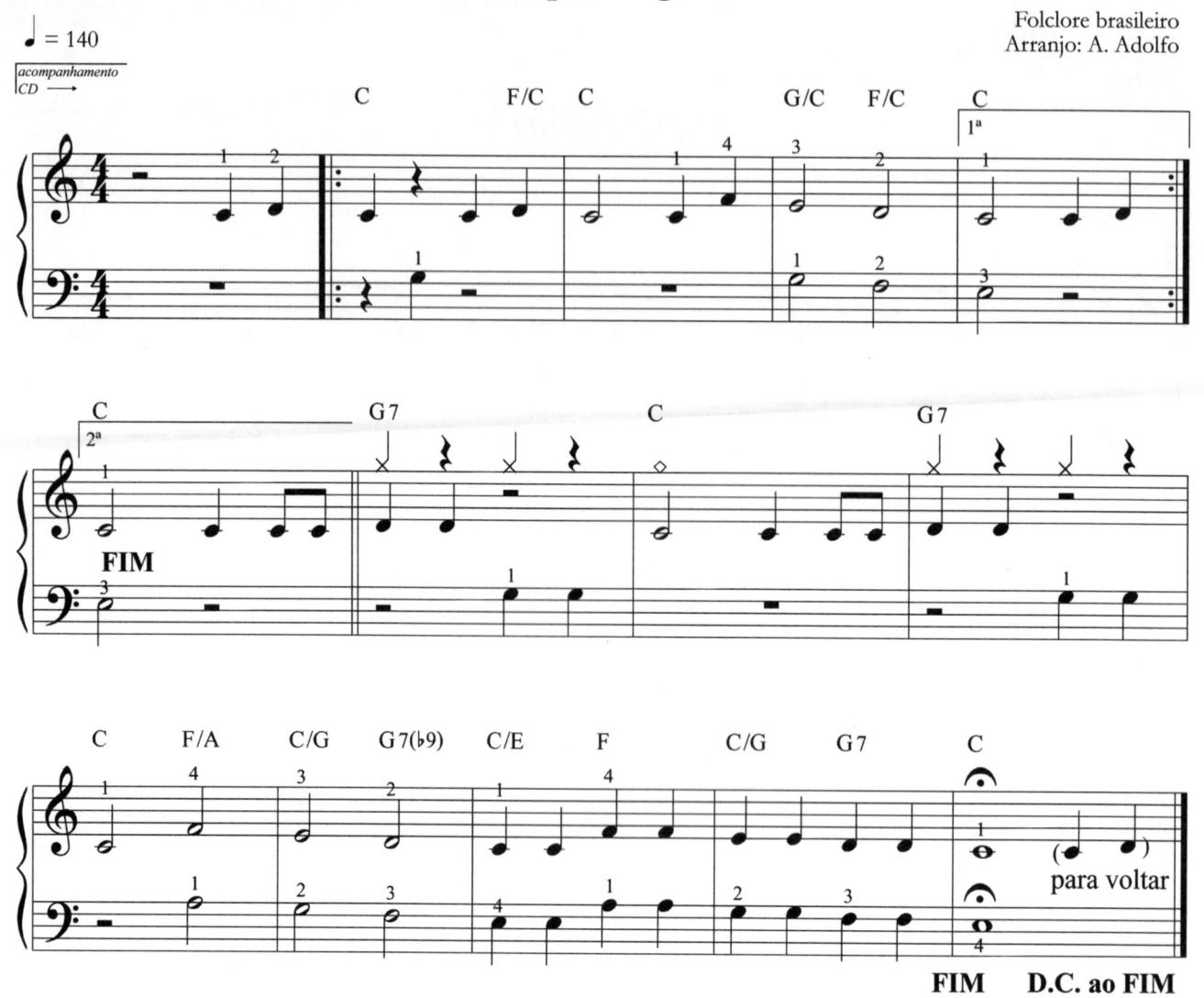

Passa, passa, gavião

Folclore brasileiro
Arranjo: A. Adolfo

Obs.: tocar duas vezes a música inteira.
A fermata só vale para o final.

As diferentes oitavas

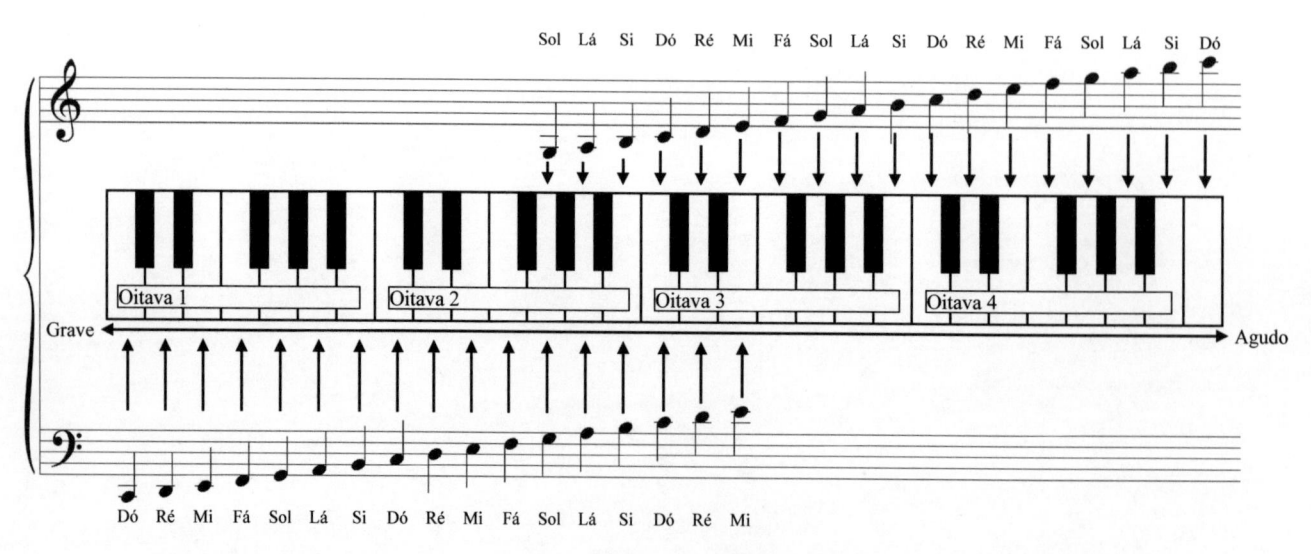

Figura 39 - Representação gráfica das notas escritas nas diferentes oitavas e sua relação com o teclado

Conforme dito na Introdução deste livro, o mercado musical disponibiliza teclados com diferentes oitavas, de Dó a Dó, de diversos tamanhos e, por conseguinte, com mais ou menos notas. A representação gráfica acima mostra uma extensão de quatro oitavas. O piano possui sete oitavas. Há maneiras distintas de representação de uma nota escrita: mais para o agudo ou mais para o grave. Uma maneira consiste na escrita das notas na pauta em diferentes alturas. Outra forma é a utilização dos símbolos 8va e/ou 8vb, em que o primeiro, como visto anteriormente, representa nota tocada na oitava acima e o segundo representa o contrário.

Estilo sugerido: Rock
Timbre sugerido: Piano

Faixa 53

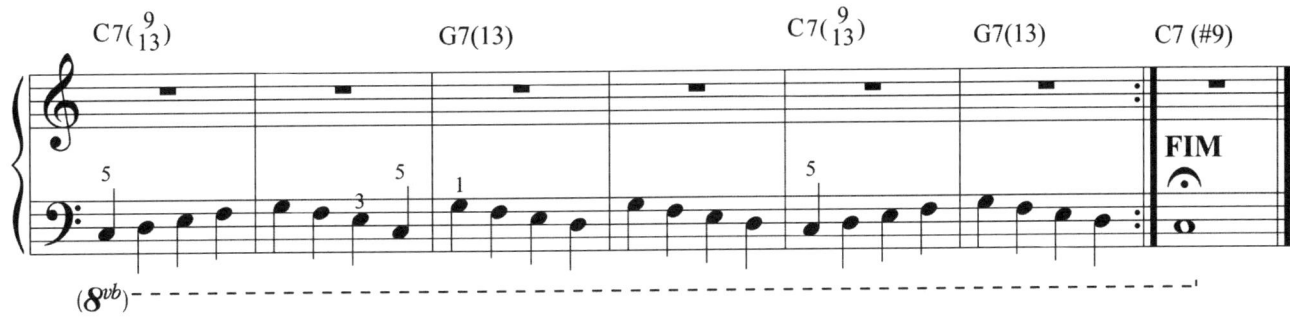

Blues nº 2

A. Adolfo

Quarta parte

Sustenido e bemol

♯ = sustenido   ♭ = bemol

Figura 40 - Representações gráficas do sustenido e do bemol

Um sustenido (♯) posicionado antes de uma nota faz com que esta tenha sua altura aumentada, ou seja, fique mais aguda. Nos instrumentos de teclado, o sustenido se encontra na tecla preta logo em seguida à branca.

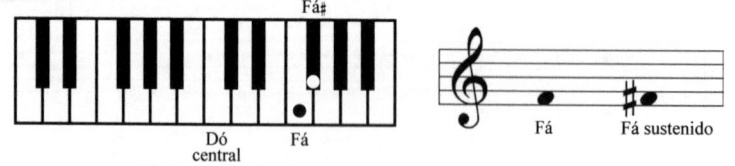

O contrário ocorre com o bemol:

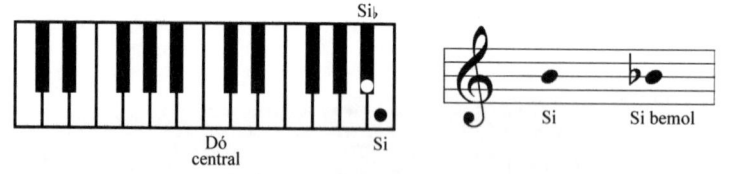

Figura 41 - Representações gráficas no teclado e na pauta do efeito produzido pela adição do sustenido e do bemol

Vejamos mais alguns exemplos com sustenidos e bemóis e a localização no teclado:

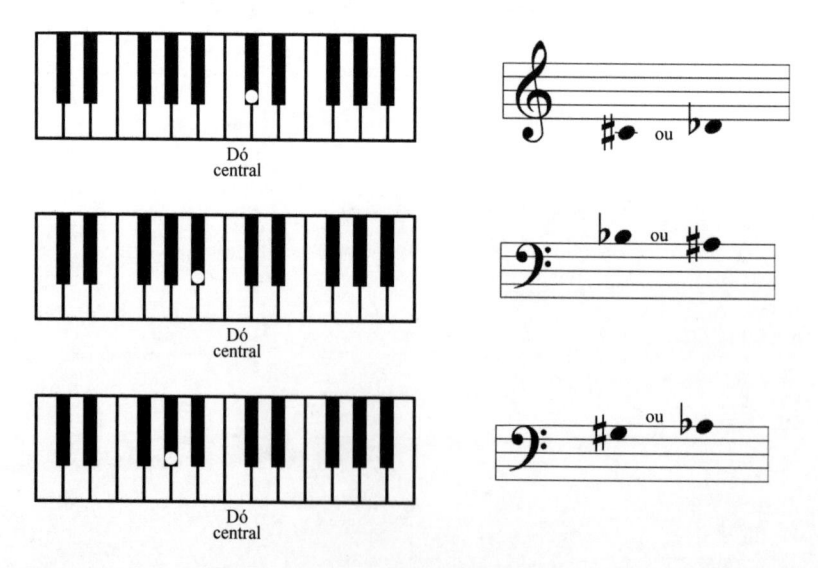

Figura 42 - Equivalência no que se refere às alturas de notas alteradas por sustenidos e bemóis

Nota: na música "Hot Blues", no nono compasso e também no décimo compasso é possível observar que há um segundo bemol (♭) para a mesma nota (Mi). Na verdade, quando temos a mesma nota alterada por sustenido (♯) ou por bemol (♭) dentro de um mesmo compasso, não há necessidade de repetir por escrito a referida alteração. Assim, os compassos mencionados podem ser representados da seguinte forma:

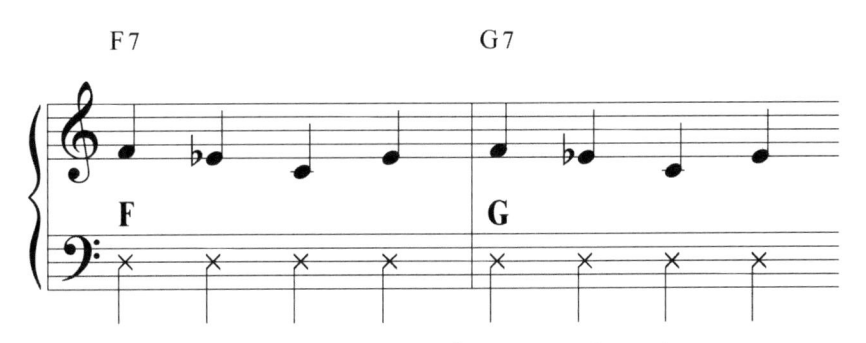

Figura 43 - Forma correta de representação escrita

Timbre sugerido: Piano
Faixa 54

Hot Blues

♩ = 80

A. Adolfo

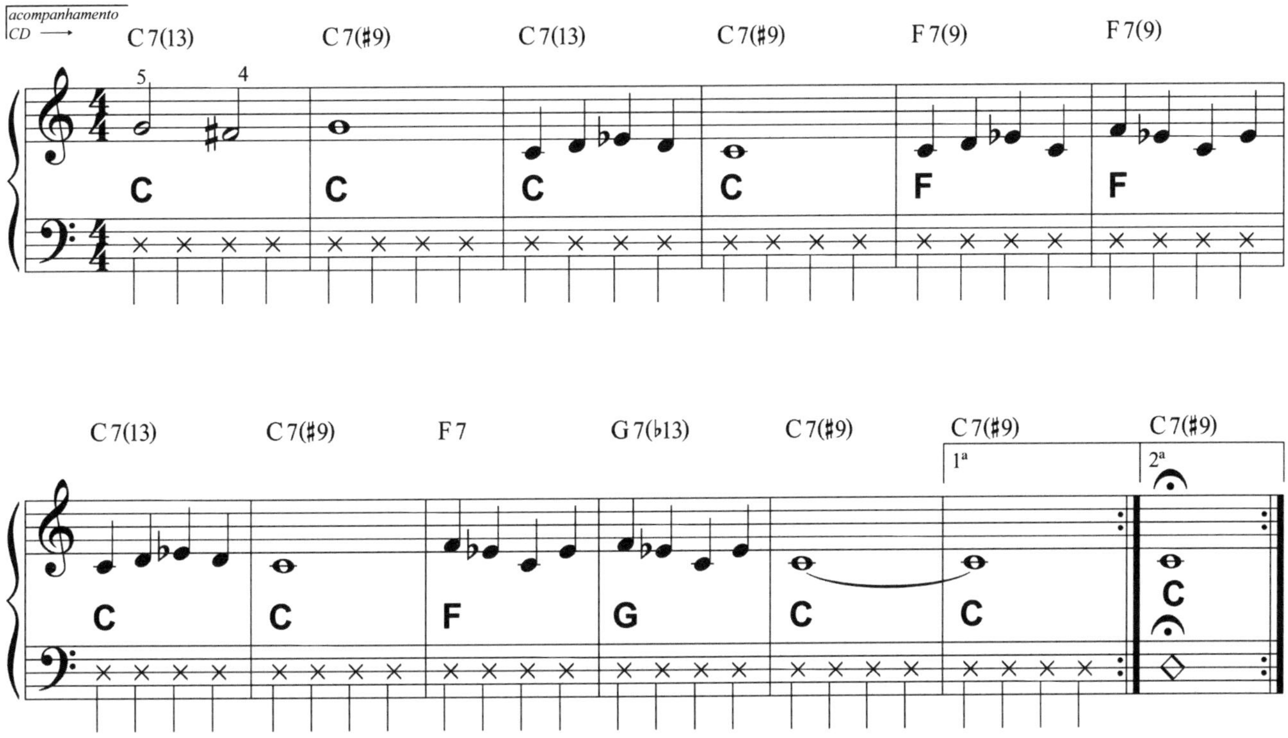

acompanhamento CD →

Frases e ligaduras de expressão

As frases são separadas umas das outras por ligaduras de expressão, o que significa que, entre uma frase e outra, devemos "respirar". Portanto, notas escritas sob uma ligadura devem estar ligadas umas às outras. Vejamos com a música a seguir "Balada arpejada".

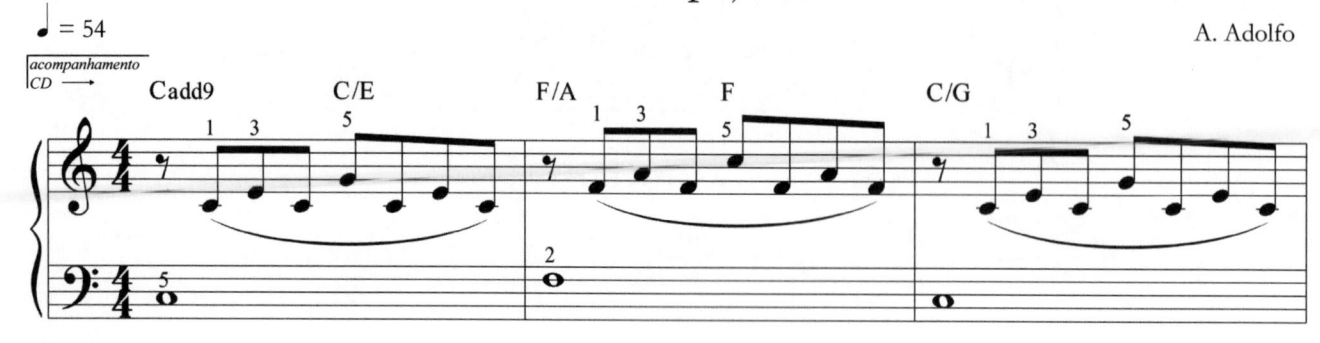

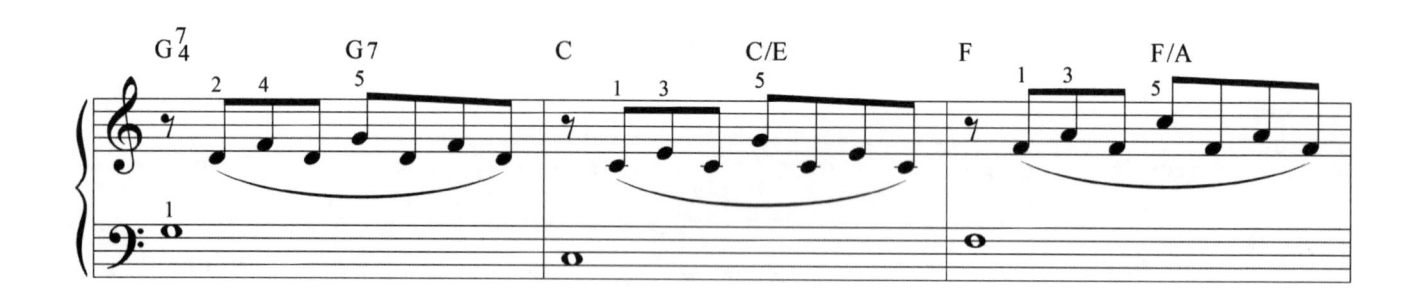

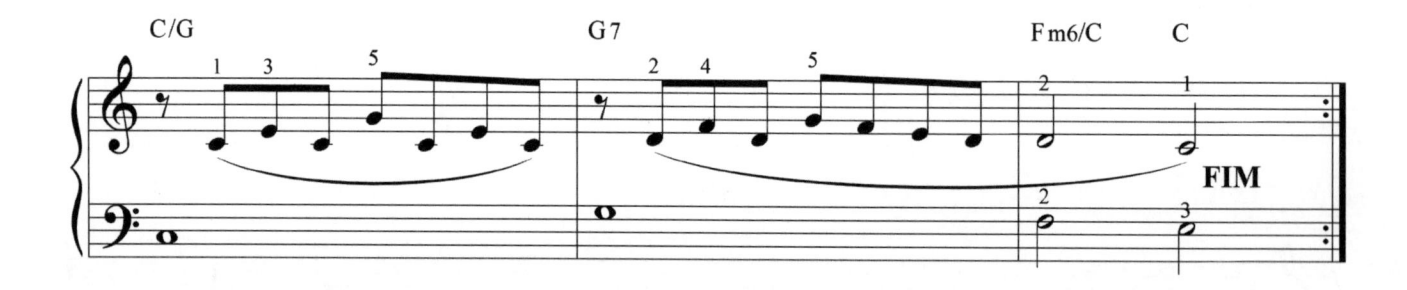

Timbre sugerido: Piano
Faixa 55

Sugestão: se preferir, o aluno pode usar o piano, ou o teclado, com som de piano para a música "A banda de metais".

Observação: o aluno não deverá usar a mão esquerda na primeira vez.

Timbre sugerido: French Horn / Trombone
Faixa 56

A banda de metais
(marcha)

A. Adolfo

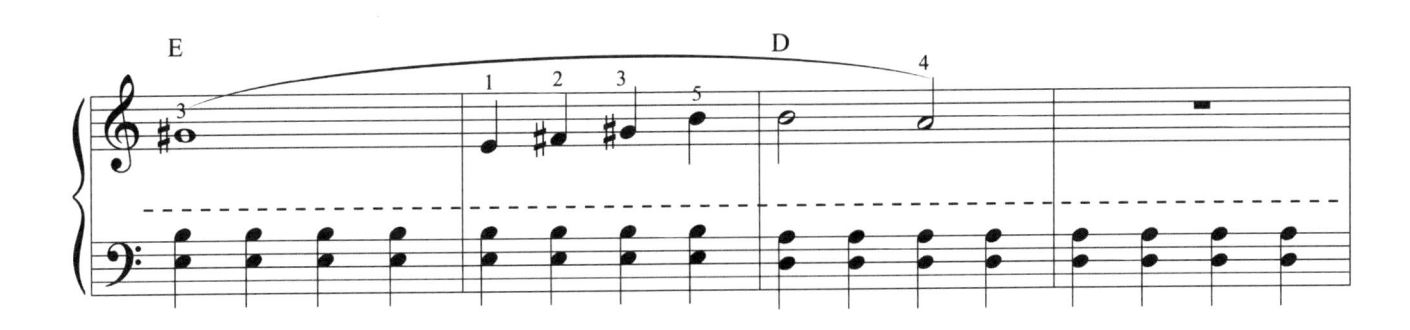

Timbre sugerido: Piano
Faixa 57

Farol da ilha

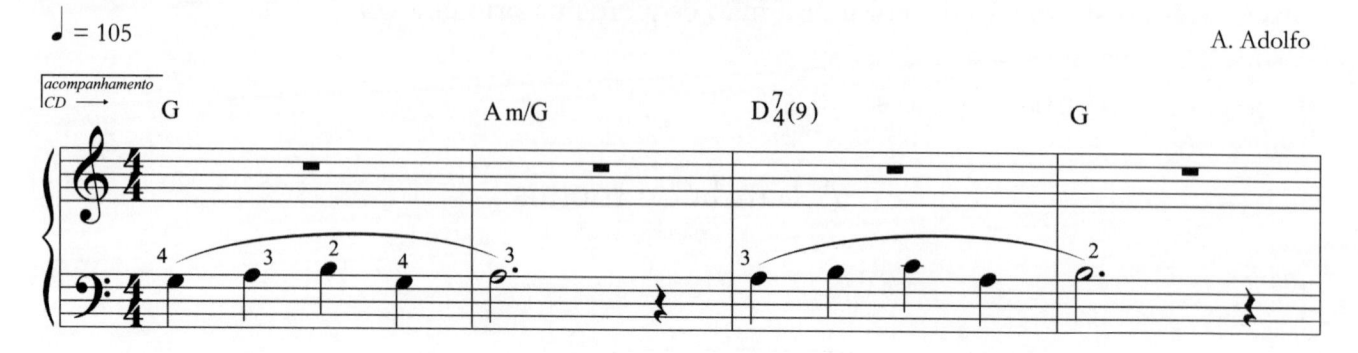

♩ = 105

A. Adolfo

acompanhamento CD

D.C. ao FIM

Obs.: a fermata só vale para o final.

Staccato

Uma nota acompanhada de um pontinho abaixo ou acima significa que deve ser tocada com duração mais curta.

Timbre sugerido: Organ
Faixa 58

Relembrando J.S. Bach

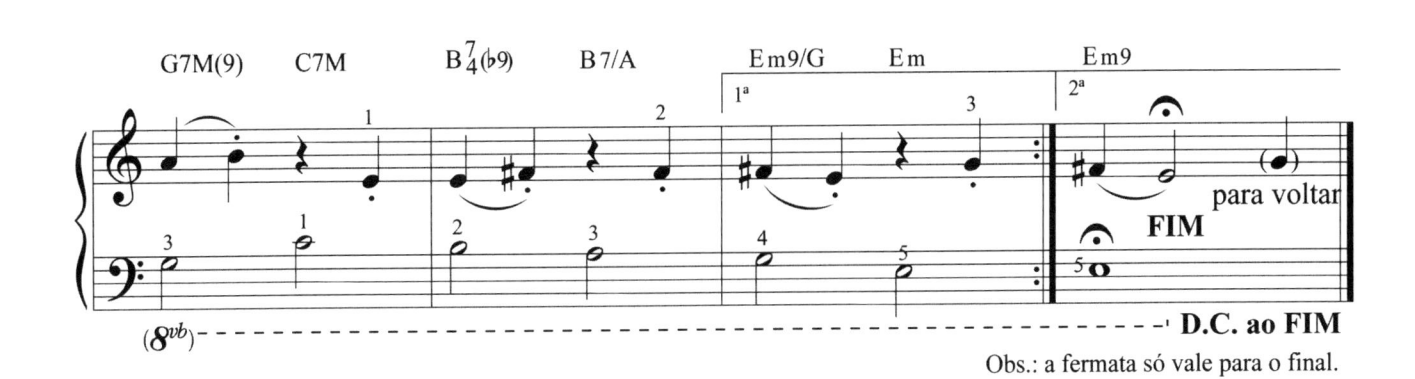

A. Adolfo

Obs.: a fermata só vale para o final.

Sugestão: para treinamento nas próximas músicas, devemos estudar primeiramente com as mãos separadas. Em seguida, com as duas mãos juntas.

Timbre sugerido: Piano
Faixa 59

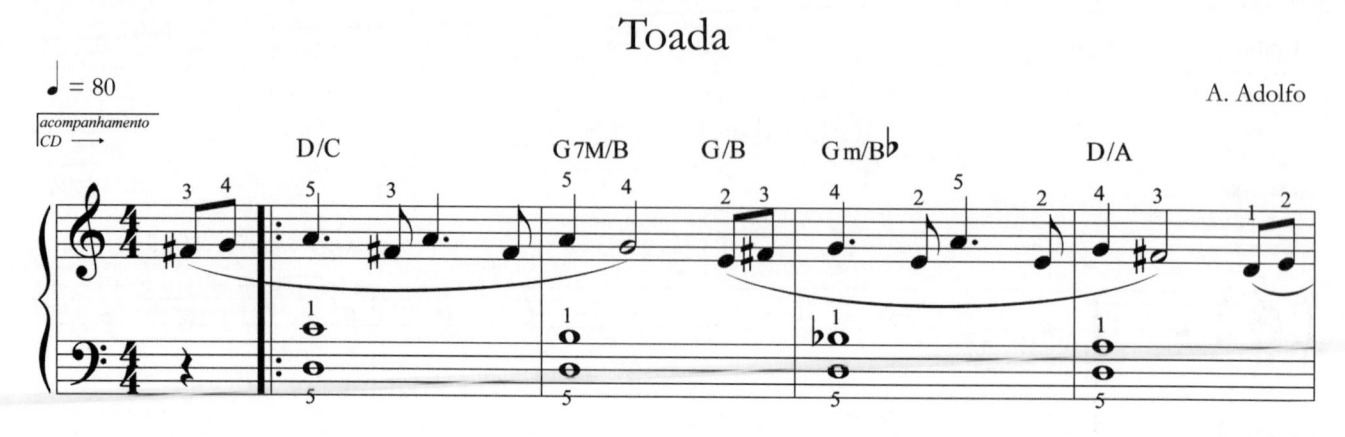

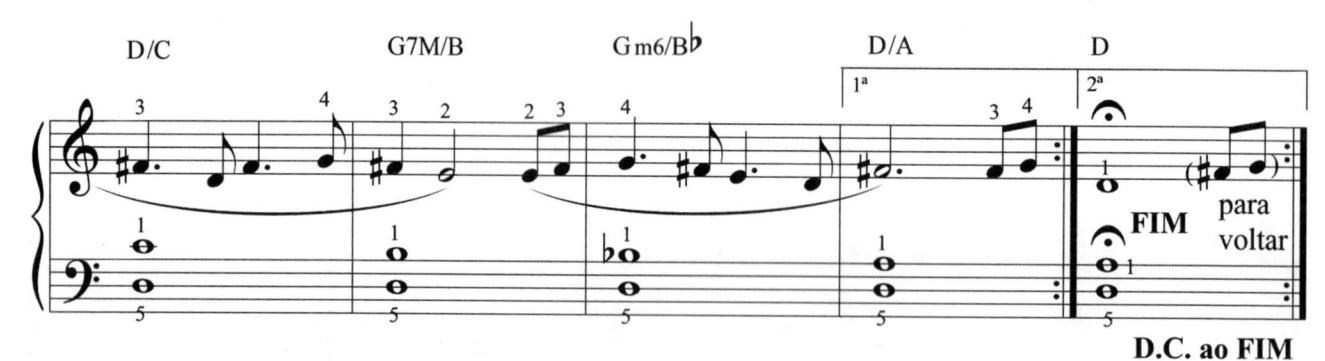

Toada

A. Adolfo

D.C. ao FIM
Obs.: a fermata só vale para o final.

Observação: para a música a seguir "Prelúdio", ao final do segundo compasso (primeira frase), devemos posicionar a mão direita com o terceiro dedo sobre o Lá (3) e a mão esquerda com o quinto dedo sobre o Fá (2).

Timbre sugerido: Piano
Faixa 60

Prelúdio

A. Adolfo

D.C. ao FIM
Obs: a fermata só vale para o final.

Linhas suplementares

As mãos direita e esquerda podem atingir, agora, uma região (tessitura) que era atingida somente por uma delas. É o caso da nota Ré (3), tocada pela mão esquerda, e da nota Si (2), tocada pela mão direita. Para esse procedimento, o uso de linhas suplementares é extremamente necessário. Anteriormente, as linhas suplementares eram usadas apenas pela nota Dó (3).

Na imagem a seguir, temos Dó (3) e Si (2) escritos na clave de Sol. Temos ainda Dó (3) e Ré (3) na clave de Fá.

Figura 44 - Notas escritas com linhas suplementares e sua inter-relação

Legato

É o contrário de *staccato*. Significa tocar as notas sem interrupção.

Observação: tocar a música a seguir utilizando o *legato*, ligando as notas.

Timbre sugerido: Organ
Faixa 61

Prelúdio em 3/4

A. Adolfo

Estilo sugerido: Rock
Timbre sugerido: Piano

Faixa 62

Castanhola

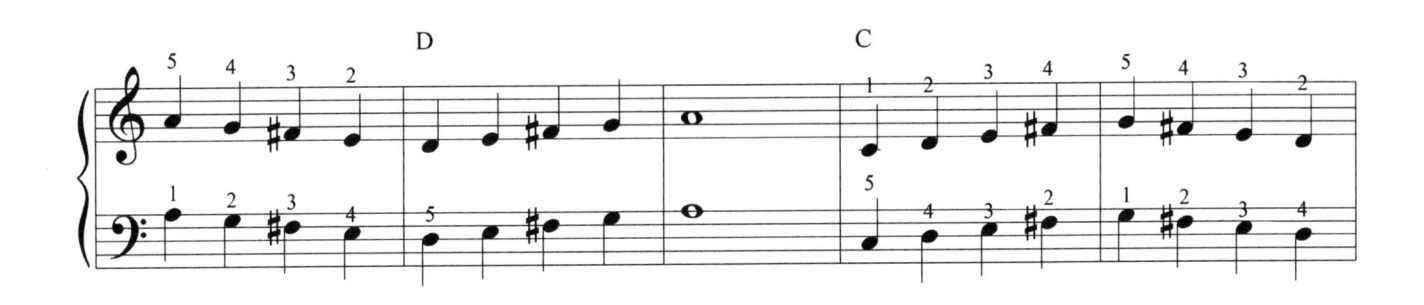

♩ = 110

A. Adolfo

acompanhamento CD

Nota: nem sempre a melodia é tocada pela mão direita. Na canção a seguir "Nostálgica", a melodia está na pauta inferior (clave de Fá), nos oito primeiros compassos. Nos quatro últimos, a melodia está metade na pauta superior (clave de Sol) e metade na pauta inferior (clave de Fá).

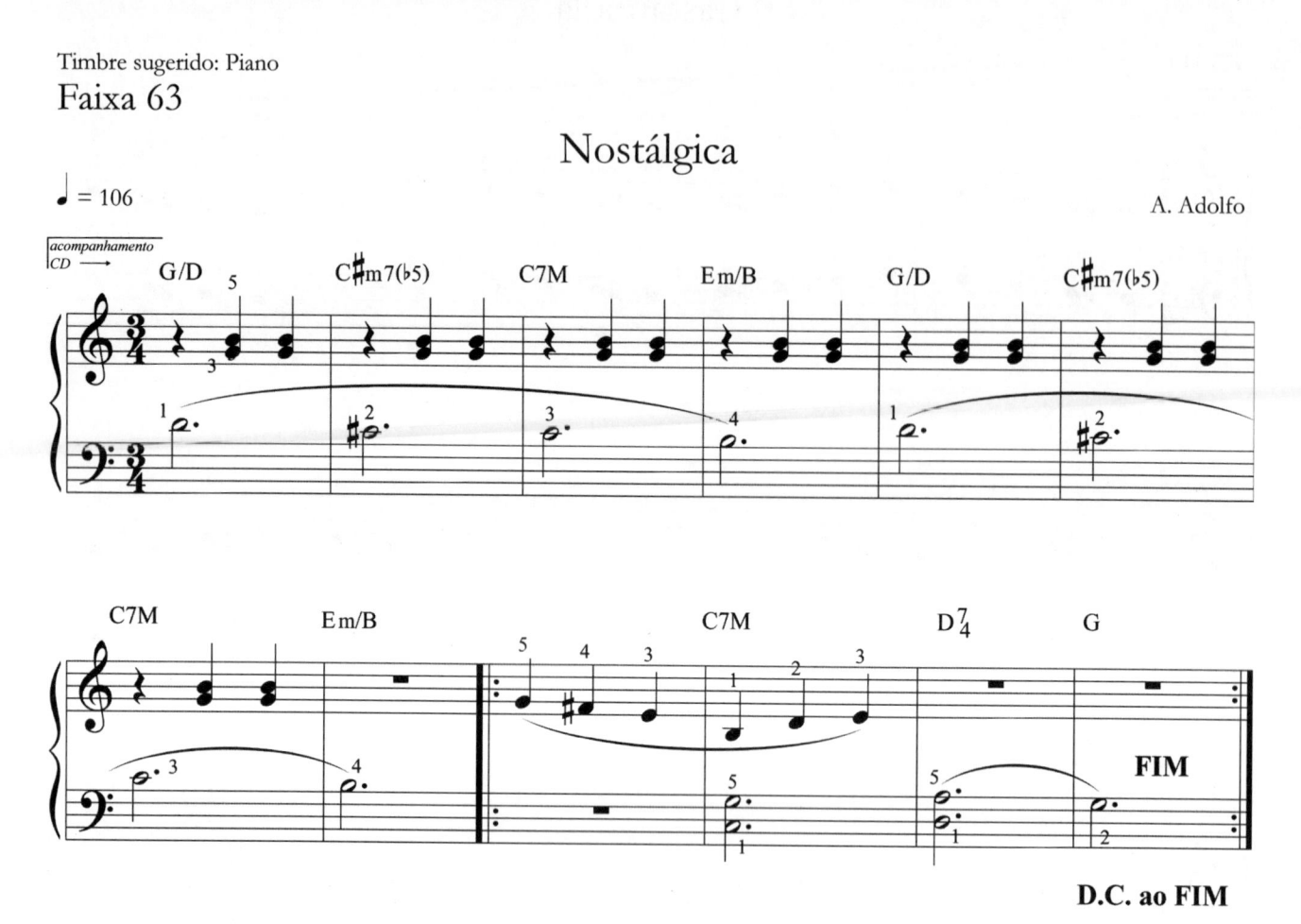

Timbre sugerido: Piano
Faixa 63

Nostálgica

♩ = 106

A. Adolfo

D.C. ao FIM

Duas linhas suplementares

Assim como tivemos anteriormente uma linha suplementar na página 61, podemos ter duas, ou até mais, linhas suplementares superiores ou inferiores. Na figura a seguir, teremos a nota Lá$_2$ a ser tocada pela mão direita. Para tanto, usamos duas linhas suplementares inferiores.

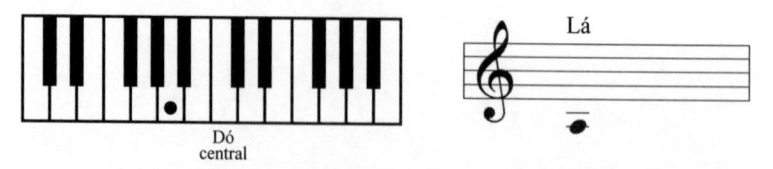

Figura 45 - Representação gráfica da nota Lá tocada pela mão direita

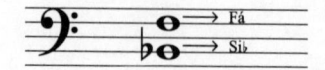

Arco de B♭ (Si bemol)

Figura 46 - Representação gráfica do arco de Si bemol

Atenção: não usar pedal, *sustain* ou qualquer outro. No penúltimo compasso, o dedo 2 deve passar por cima do polegar (dedo 1).

Timbre sugerido: Piano
Faixa 64

Lucy In The Sky With Diamonds

J. Lennon e P. McCartney
Arranjo: A. Adolfo

D.C. ao FIM

Obs.: a fermata só vale para o final.

Copyright © 1995 by SM PUBLISHING (BRAZIL) EDIÇÕES MUSICAIS LTDA (100%)

Escala maior

Observação: para o treinamento da escala de Dó Maior efetuar contagem subdividida em colcheias para maior aprimoramento rítmico.

Timbre sugerido: Piano
Faixa 65

Treinamento com a escala de Dó Maior

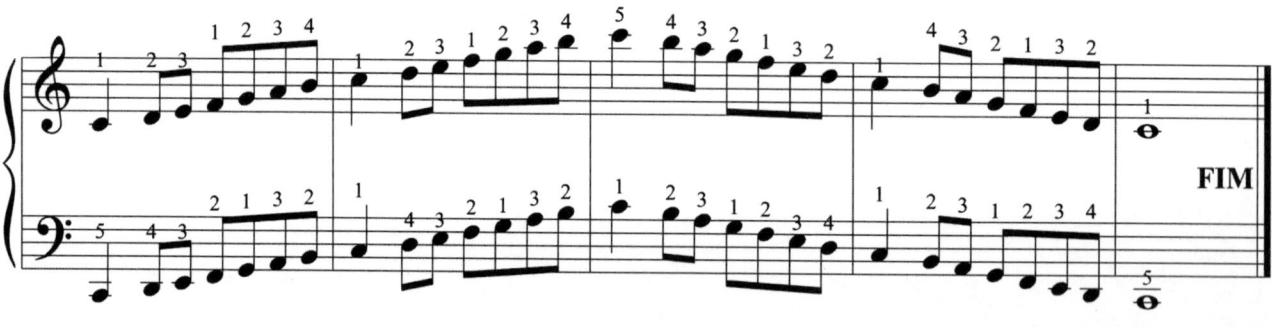

Arranjo: A. Adolfo

D.C. ao FIM

Nota: para tocarmos a escala de Dó Maior com a mão direita no movimento ascendente, devemos fazer a passagem do dedo 1 por baixo do dedo 3 (ver figura 48).

No movimento descendente, ainda com a mão direita, devemos passar o dedo 3 por sobre o polegar (dedo 1) (ver figura 49).

Para a mão esquerda, no movimento ascendente, após atingirmos a nota Sol (ver figura 50), devemos passar o dedo 3 por sobre o dedo 1 (ver figura 51). No movimento descendente, devemos passar o dedo 1 sob o dedo 3 (ver figura 52).

O treinamento com escalas maiores deve obedecer aos seguintes princípios:
- deve ser constante e, se possível, diário;
- uma das metas a ser atingida é a velocidade, mas sem atropelos ou contração de mãos, braços e ombros;
- respeitar o dedilhado é de extrema importância, pois, sem essa observância o estudo perde o efeito;
- estudar as escalas não significa abandonar o estudo do "Pentacórdio blues" (página 30), pois um estudo completa o outro. O "Pentacórdio blues" dá força aos dedos, enquanto o estudo das escalas é o complemento técnico que propicia velocidade, passagem correta do polegar, entrosamento entre as duas mãos etc.

Figura 47 - Posição inicial

Figura 48 - Passagem do polegar da mão direita

Figura 49 - Passagem do dedo 3 da mão direita na escala descendente

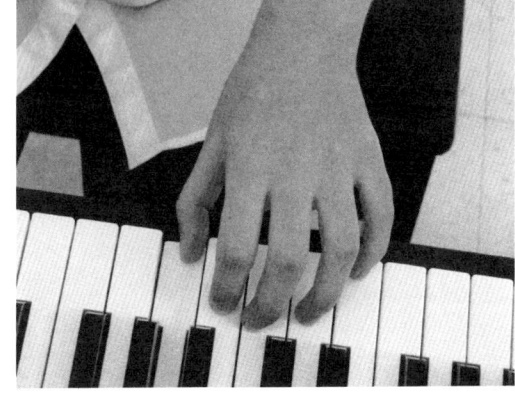

Figura 50 - Dedo 1 da mão esquerda atinge a nota Sol na escala descendente

Figura 51 - Dedo 3 da mão esquerda atinge a nota Lá na escala ascendente

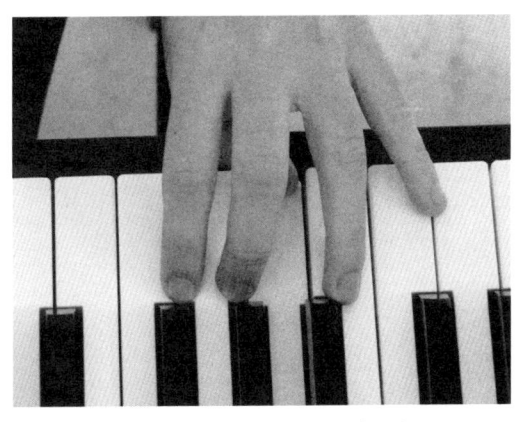

Figura 52 - Dedo 1 da mão esquerda atinge a nota Sol na escala descendente